YOU WEILAI DE LINGSHOU

有未来的零售

王海舰　王凌燕　王海东　/　著

邱靖茹　王　朋　/　插图

GUANGXI NORMAL UNIVERSITY PRESS
广西师范大学出版社
·桂林·

图书在版编目（CIP）数据

有未来的零售 / 王海舰，王凌燕，王海东著．—桂林：广西师范大学出版社，2017.11
ISBN 978-7-5598-0016-9

Ⅰ．①有… Ⅱ．①王…②王…③王… Ⅲ．①网络营销 Ⅳ．①F713.365.2

中国版本图书馆 CIP 数据核字（2017）第 277208 号

广西师范大学出版社出版发行
（广西桂林市五里店路 9 号 邮政编码：541004
网址：http://www.bbtpress.com）
出版人：张艺兵
全国新华书店经销
衡阳顺地印务有限公司印刷
（湖南省衡阳市雁峰区园艺村 9 号 邮政编码：421008）
开本：787 mm × 1 092 mm 1/16
印张：12.5 字数：210 千字
2017 年 11 月第 1 版 2017 年 11 月第 1 次印刷
定价：36.00 元

自序

2011年初，华为的部分高管集体开通微博。业内分析认为，华为高管陆续登上微博，或许是华为总裁任正非反思长期以来与外界沟通的方式，欲将个人行为风格与公司行为准则分开，也可能是在经历2010年的“家族化”传闻风波之后，一直拒媒体于千里之外的华为被迫显示出一种开放的姿态。背后的原因真的就这么简单吗？任正非这个倔强刚毅的老头会因为一场“风波”就改变对外界的态度吗？这样的分析未免太小看任总了。华为以前为什么要封闭，现在又为什么要开放，这并不是因为外界舆论所迫，而是华为自身业务模式的转型带来的必然选择。换句话说，华为是因为市场的原因而做出改变，而不是因为舆论的原因而被迫让步。

最初，华为是卖什么的？系统级通信设备。客户是谁？通信运营商。真正有决定权的客户就是全国几百个运营商的几千个大佬。要让客户了解自己，大不了多招几个销售员，让他们跑得勤点，在办公室里、会议桌上、酒席宴前、旅行途中就给客户讲得明明白白的了。因此，虽然华为的市场手段高举高打，但却很少看到大众媒体上有华为的硬广告或软文。因为华为不需要让大众了解它依然可以成长得很迅速、很健康。大众了解多了反而会给公司添麻烦（华为不上市也有这方面的考虑）。后来，华为的客户群中除了运营商，又增加了其他企业，华为称之为“企业网客户”。虽然能入华为法眼的企业客户也都是些大企业，但毕竟比运营商多得多，华为的几万个销售员也看不过来，因此，华为的销售模式除了直销之外，增加了渠道销售，华为开始找代理商了。不过，那时候华为对媒体仍然不冷不热，广告和软文依然有限，因为直销和渠道的团队基本可以应对运营商和企业网客户的需求了。再后来，华为开始介入通信终端领域，当然，这并不仅仅因为华为曾经错失了小灵通的机会而奋起直追，而更是因为华为发现：通信的世界变了，原来由运营商主导的世界变成了由终端客户主导的世界。华为的竞争对手也由思科、阿尔卡特变成了苹果、三星。

切入了终端市场的华为有些迷茫，公众的消费模式和运营商、企业网的消费模式大相径庭，以往的很多手段不再适用，整个公司的企业文化、管理流程、组织架构也都不再适应市场的需要。 华为面临着前所未有的挑战。

面对挑战怎么办？ 这个问题的答案对于任总和全体华为人来说再简单不过了：改变。 华为人的骨子里深埋着否定自我、不断开拓的基因。 为了让新的、庞大的客户群——广大的人民群众——了解自己，华为开始拆除围墙、接纳记者采访、开通微博……因此，华为的改变是为了适应客户，顺应市场。

不仅华为，很多企业开始发现：原来由知名品牌和拳头产品主导的市场逐步被由终端消费者主导的市场取代。 这不仅是因为产品的极大丰富，也因为消费者的需求层次越来越高，越来越个性化。 在这个消费升级、终端客户说了算的时代，很多企业面临着和华为同样巨大的挑战。 他们像华为一样找到问题的答案了吗？ 恐怕很多还没有。

华为的问题是所有面对终端客户群做零售的企业都面临的问题。

终端消费者的日渐强大，日益凸显出零售商的价值和地位，因为零售商最贴近终端客户。

同样是做零售，为什么有的商家成了沃尔玛，有的还只是你们家楼下的食杂店？

3C 产品已经成为大众的必需品，为什么 3C 产品零售商还没有世界级企业？

零售企业要想从小到大，由弱变强，应该做哪些事，先做什么，后做什么？

店面零售和网络零售各有何优势和劣势，实体店面如何应对电商的巨大冲击？

这些是本书试图进行剖析并寻求答案的核心问题。

大多数人认为零售就是低价买进，高价卖出，就是站在那里等客人，客人来了谈价钱，客人不来干瞪眼。 其实，你根本不懂零售。

本书的理念和方法大多出自北京施道成铭管理咨询有限公司多年来在 3C 产品实体零售领域的实践和创新。

零售智慧，尽在“小施”！

前言

就以2015年12月20日，本书作者之一（北京施道成铭管理咨询有限公司总经理王海东）与部分零售老板在“小施万里行”济南站的交流作为前言吧。

今年的冬天特别寒冷，而这个冬天对于我们3C产品实体零售的各位同人来说，更觉难熬。近几年来实体店的凋敝是不争的事实，今天还能见到这么多来自全国各地，坚守实体零售阵地的老板，实属不易。首先道一声，各位辛苦了。

干这一行十多年来，我大概用了2000多天的时间到全国各地与各位做零售的同行交流，类似今天的研讨会或小范围交流每周至少有一两次。我们发现，最近两年，老板们对于与同行的交流和合作越来越有热情，因为大家都感受到了压力，感觉到抱团取暖的意义。

过去的5到15年之间，只要你有幸选择了手机零售，选择了苹果或三星，你就会发现日子过得都还不错，不需要做过多努力，只要店面位置还行，能拿到货，员工有干劲，就能赚钱。这样的好日子在近5年发生了变化，日子越来越难过了。有些老板说是因为总体的经济形势不行了，但你别忘了，买手机的人，买苹果的人总数一直在上升，市场总量其实是增加了的，只是增加到别人那里去了；有些老板说都是电商惹的祸，搞个光棍节就拿走1000个亿，本来这些需求我们是要放在三五个月中去消化的，结果被它一天就吃定了。你也别忘了，电商给了我们10年的时间去接触和服务用户，如果我们在那10年中，不是只想着卖手机赚钱，而是想着用手机交朋友，现在电商来了，用户会一股脑地跑到人家那边去吗？所以打败我们的不是电商，而是我们自己。我们的店面有多久没有装修了？我们店里有让用户惊喜的好产品吗？我们的店员能把高端产品卖出去同时令用户满意吗？我们已经用老办法赚了10年的钱，现在消费者已经用上 iPhone 6S 了，他们对手机的了解早就已经超过我们的店员了，我们还想用老办法赚钱，怎么可能呢？

在与各地老板的交流中，我们发现，并不是所有的老板都那么难过，有些老板还是信心高涨，热情满满。今天来到现场的严冰总（化名）是去年才从做联想电脑转做手机的，她就感觉空间很大，今年还准备再开两家店；类似的还有平度的孙总，荣成的龙总，泰安的宋总……都在不久之前开了新店；哈尔滨的七星近期也有一个宏大的开店计划；我昨天在昆明和云南三九的老板聊，他们确定了一个在 2016 年要开 500 家店的计划。

这些做得好的老板不是说他们的店面没有受到电商的冲击，而是长期以来，他们的经营策略不是做生意，而是交朋友。过去的 5 年当中，每家手机店都卖出去几万部手机，有几万个用户。如果其中有一半，哪怕是 20%的用户跟你成了朋友，那他们会在乎电商比你便宜的那点钱吗？与用户之间的情感纽带是我们抵御电商的最佳武器。各位老板可以做个测试，今天通过打电话、发短信、发微信、发请柬等方式通知你的老用户，说你明天请他们吃饭，搞个用户答谢日，看看有多少用户能来。估计大部分老板能请到两三百人不错了吧，但是严冰总一下请了 1000 多个老客户吃饭。这就是人家的底气。

充满信心的老板都是从自身的角度出发去思考实体零售存在的问题的，也都是靠对细节的把握去赢得用户的。前段时间，在我培训一些联想的经销商的现场，有一位老板说：我们通过努力，把到店用户的成交率从 45%提升到了 55%，大家都鼓掌祝贺；而另一位老板说：55%，不是还有 45%的用户没有成交吗，我们可以做到 80%以上的成交率。这位让大家大吃一惊的老板就是严冰总，下面请严冰总给大家分享一下她是如何做到的。

严冰："要做到高成交率肯定需要从各个方面努力，今天我就谈一个细节吧。我们店里每天都是要开晨会和夕会的，每天。晨会主要是布置任务和给大家打气，夕会我们更加看重，因为在夕会上我们会对当天的用户进行细致的分析，包括进店的客人总共多少位，成交了多少位，未成交多少位，成交的客人都买了什么，只是电脑、手机，还是主机加配件，配件是什么档次的。成交的用户当然要做记录，后期进行回访。不成交的用户更重要，我们要问没成交的用户你是不是把他送到门口去了，你是不是留下了他们的联系方式……"王海东："没成交的用户也要留下联系方式，这个很困难吧，你们怎么做到的？”严冰：“嗯，难度是很大的，需要一些技巧，比如对用户说，刚才没有联系上我们老板，没能给您争取到更大的优惠，等我联系上了再给您去电话好不好？比如我们近期会有一个非常有吸引力的促销活动，您一定会感兴趣，能不能留个电话，我到时候通知您？ 等等。 用户不愿意把电话留给我们，是因为我们没有取得用户的信任，只要在接待环节做到位了，取得了对方的信任，即使当时没有成交，用户也还是愿意留下电话跟我们进一步接触的。 如果没能留下用户的电话，就说明我们的销售环节出了问题，负责的店员就要当着大家的面检讨，其他人员也会帮他一起分析问题所在。这些方法我觉得对于我们提高成交率都是至关重要的。”

严冰总的成功大家看清楚原因了吧？ 能每天坚持开晨会和夕会，一坚持就是十几年的老板就会是成功的老板。 严冰总是从电脑圈到手机圈新晋老板的典型代表，今天还有很多是在手机圈打拼了十几年的老板，德州的范总是他们的代表，请范总也给我们分享一下最近的感受。

范总：“做这一行的确很久了，最近的感觉和大家一样，的确是越来越难了。 我还记得曾经辉煌的那些日子，那时候店里天天人头攒动，很多人都是侧着身子挤进来的。店员拿着一款手机问面前的客户：‘你到底要不要，不要后面还有很多人排队等着呢。’现在想想这些画面真的不堪回首：一是这样的日子再也回不来了；二是当时干吗那么牛啊。 三十年河东，三十年河西，过好日子的时候没有好好把握，所以今天吃苦受罪是活该的。 我今天上午投了一个标，中午没吃饭就往济南赶，就是为了能向王老师以及在座的各位好好学习一下，现在的苦日子应该怎么过，怎么样才能再有好日子。 尤其是我听王老师说有一些好的关于零售的系统推荐，可以帮我们加强店面管理和客户服务，我觉得这非常重要，以前我们都是凭感觉、粗放式地做零售，连个客户清单都没有，现在是大数据时代了，得靠数据来做决策。 所以我急着赶来，更多的还是想听听王老师和各位老板的高见。”

感谢范总，我们今天分享的主题是塑造有未来的零售。 对于实体零售来说，现在的确有很多外部的不利因素，这些都是我们主导不了的。 京东、天猫放低价，我们主导不了；消费者已经形成了网购的习惯，建立了对电商的信任，我们主导不了；有些厂商的部分产品只在网上卖，不给我们实体店，我们也主导不了。 仅仅去抱怨这些我们主导不了的东西，对我们没有任何意义。 我们要把眼光放在自己能主导的领域，才能塑造有未来的零售。

今天的用户不再需要一成不变、千店一面的实体店，不再需要拥挤的店面、同质化的产品和只会背产品参数的店员。当我们一再抱怨用户想要的除了便宜还是便宜的时候，有没有想过，除了便宜，你又能给用户什么呢？即使你给用户便宜了，你能便宜得过电商吗？今天的用户需要的是非凡的体验，是惊喜的尖叫。而这些，以前我们都没有。

实体零售非凡的用户体验来源于具有独特艺术气息的店面、时尚新潮的数码精品、知性优雅的员工，以及互联网化的用户服务。

真正能够打动用户的店面是有老板独到的设计和理念的店面。离此100公里，在聊城，聊城百大的店面我敢说是目前山东最牛的数码店，他们的用户服务中心也是山东最牛的用户乐园。光装修就花了60万元，加上厂商赠送的一块30万元的大屏幕。当然，最重要的不是这将近100万的装修费，而是聊城百大的鲍总对于用户的那份心。

虽然消费者对于产品的了解和认知已经非常到位，但市面上每天都有层出不穷的好产品冒出来，用户不知道，这是他们的损失。好产品会说话，不但能带给我们丰厚的利润，而且可以赢得忠实的用户。前两天和几位银行的朋友吃饭，在座JBL厂商的朋友带来了一个Pulse2，现场用啤酒浇到音箱中，音乐劲爆、酒花四溢，效果非常震撼。当时一位行长就说带的两款样机他都要了，连给他送新品过去都等不及，这就是好产品的魅力。找到最棒的产品，并把它们推荐给我们的用户，这是我们的责任，是我们专业水准的体现，也是价值所系。

优秀的员工是实体店的生存之本。今后不管你有多少钱，有多少厂商和运营商资源，有多少老客户，如果没有足够的优秀员工，你就不要想着去开新店，因为你的钱会被慵懒的员工耗尽，资源会被笨拙的员工吓跑，客户会被狡诈的员工带走。好产品只有好员工才能卖出去，而且客户还很满意。我们统计过，一个好店员一年至少可以给公司带来30万的毛利。这样的员工值得老板去用心筛选、悉心培养、诚心激励。我建议各位老板到当地的大学或职业学校去开设以自己公司品牌命名的社团，找到热爱零售、愿意进步的好学生，给予他们一定的资金和资源，培养他们的产品知识、销售技能和演讲水平，这些接地气的能力培训一定很受学生的欢迎。社团中哪怕只有一个毕业生到你的店里工作一年，你的所有投入就都赚回来了。我们小施团队也会在这个项目上给予三种支持：一是定期派培训师去给学生授课，二是可以无偿提供大量优质的网络培训资料，三是对学生进行技能水平的认证，帮助各位老板培养一支能打硬仗的队伍。

互联网时代，我们要完成从关注客户到关注用户的转变，从做生意到交朋友的转变，从用户进店服务到随时随地的全面服务的转变。互联网并不是电商的专利，我们也可以充分利用这个武器，用互联网科技武装自己，用互联网思维改变自己，完成从实体零售到社群零售的蜕变，塑造有未来的零售。

目录

第一篇　理解零售

第二篇　夯实零售基础

第三篇　实体零售的互联网化

附录

第一篇

理解零售

终端消费者日益强势，本应凸显出实体零售的价值和地位，因为实体零售商最贴近终端客户。不管是领衔世界500强的沃尔玛，还是你们家楼下的食杂店，实体零售都是我们生活中不可或缺的。然而，电商举着消灭中介的大旗杀来，让实体零售岌岌可危、满目疮痍。不过，我们怀疑，以中介的身份消灭中介，真的可行吗？

实体零售和电商孰优孰劣，孰胜孰负？有未来的零售到底是什么样子的？相信这是很多实体零售店和电商都在苦苦思考的问题。要解决这个问题，必须从零售的本质说起，重新理解和定义一下零售。

一、零售

让我们上百度百科查找一下零售的定义……嗯，找到了：零售是向最终消费者个人或社会团体出售生活消费品及相关服务，以供其最终消费之用的全部活动。零售活动的特点有：每笔产品交易的数量比较少，交易次数频繁；出售的产品是消费资料，个人或社会团体购买后用于自行消费；交易结束后产品即离开流通领域，进入消费领域。

零售这一古老行业的发展历程经历过四次重大变革，第一次是百货商店的诞生，第二次是超级市场的兴起，第三次是连锁商店的发迹，第四次是电子商务走进千家万户。据百度百科中分析，零售业中的某些变化之所以能提升到重大变革的高度，必须满足三方面的条件：一是革新性，即这一变化应产生一种全新的零售经营方式、组织形式和管理方法，并取得支配地位；二是冲击性，即新的零售组织和经营方式将对旧组织和旧方式带来强烈的冲击，同时也影响着顾客购物方式的变化和厂商关系的调整；三是广延性，即这场变革不是转瞬即逝的，而是扩展到一定的空间、延续一定的时间。

◆百货商店的诞生

◆超级市场的兴起

◆连锁商店的发迹

◆电子商务走进千家万户

零售业发生重大变革之前，业内是没有什么世界级的大企业的。百货商店的诞生造就了梅西百货、希尔顿百货；超级市场的兴起催生了沃尔玛、家乐福；连锁商店的发迹带动了屈臣氏、7-11；电子商务走进千家万户成就了亚马逊、阿里巴巴。要想让你们的公司像以上这些公司一样，只能等下一次重大变革来临了。下一次重大变革是什么样的，我们不知道；什么时候来，我们也不知道。我们只知道应该尽早做些准备，持续改进你所掌控的零售店，也许你就可以在下一次重大变革来临之际抓住它的尾巴了，甚至是由你引领的也未可知。

让我们一起分析一下零售商的价值所在。2009 年第 12 期《创业家》杂志上刊登过中国动向集团董事长陈义红的一篇文章——《你想做什么样的零售商》，文章很好地说明了这个问题。我们引用部分文字如下：

> 这几年因为资本市场对零售渠道的关注，很多品牌商都开始玩起了零售。很多人会认为这是一个顺理成章的思路，因为品牌做得好不好跟零售能力相关性很强，而且从国外的最佳实践上看，一些大品牌的成功也是建立在良好的零售运营基础上的。
>
> 我想我先不回答这个问题，大家可以先分享一下我在美国的一点见闻。几年前我去美国，因为临时准备参加一场高尔夫球赛，所以去美国非常著名的一家大型体育用品零售店盖琳买一套高尔夫球杆。店员是一个 60 岁左右的老头，这位老先生给我的第一个建议是，先挥一下杆让他看看。当然，我不适合在这里夸自己的高尔夫技术有多高，不过在企业界的比赛中也被大家称为高手了。应这位销售员的要求，我做了几个简单的动作，就从我举杆到挥杆这几个动作里，这位销售员立刻指出我这几个动作中存在的问题，随后他推荐我应该选哪种球杆，可以解决什么问题。我之后去的另外一家零售商弗洛克(Foot Locker)也是这样。
>
> 这就是这些零售店的价值，他们不是给你推荐某个品牌，他们提供的是最适合你的运动装备。正是基于此，你会发现，在这些零售店里，产品完全不再是以品牌划分区域摆放，他们划分的标准是功能。换句话说，这些专业零售商的服务对象已经不再是品牌商了，而是他们的消费者。因为他们确实能够为消费者提供价值，所以他们能够从消费者身上赚到钱。这与我们

国内的零售商的赢利方式截然不同，国内的零售商基本上是从品牌商身上分利，这是大家不停在讲“厂商博弈”的根本，就是因为零售商不能提供自身独特的价值，消费者不愿意为零售商的服务支付成本，所以零售商只能从品牌商身上分利。这样的方式很难建立零售商的自身品牌，所以零售商只能靠推规模来使自己在“厂商博弈”中获取有利地位，而规模的过度扩张超过消费能力的增长时，会造成行业的灾难。奥运后中国体育用品市场出现的过度存货对这个产业的伤害就是例证。

如果我想做零售店，这一定不是我要的零售店，我要做的是自己创造专业价值，能够从消费者身上赚取利润的零售店。坦白说，我们现在还根本没有专业能力来建设这样的零售店，所以我们还是会谨慎一点。

◆Foot Locker

这篇文章用一个生动的例子说出了我想说的话：零售商所提供的价值不是产品，产品是由生产厂家提供的；也不是产品的销售，因为在绝大部分产品处于买方市场的情况下，用户可以从诸多渠道方便地获得产品，这体现不出零售商应有的价值。零售商的价值体现在为消费者提供与众不同的、卓越的服务体验，不同的服务体验决定了零售商之间竞争的成败。

依据提供价值的大小来划分，可以把零售商分成五个层次。

第一个层次是直接卖产品，比如巷子里卖老鼠药的，往往高声呼喊“老鼠药”——通常是用方言“lao—chu—yue”，一般一天也能卖几包。

第二个层次是通过服务卖产品，比如卖跌打损伤膏药的，先表演一番硬气功——难为他们会这么厉害的功夫，最终是为了卖他们十块钱一贴的膏药。这可能一下能卖出几十贴，数量多出前一个层次不少。

第三个层次是通过产品卖服务，这个就有点意思了。因为产品是有形的，价值和价格之间的差异比较容易被消费者看出来，利润率受到限制，而服务是无形的，可以把成本很低的服务卖出很高的价格来，利润高出前一个层次很多。比如现在炒得很火的软件即服务(Software as a service, SaaS)，本来是销售软件产品，现在以服务的形式提供，从收产品费转为收月租费、年租费或者次租费。商家和消费者可以合作共赢，这个就不是前面两个层次比得了的了。

第四个层次是通过体验卖产品和服务，这个已经不是一般人可以玩的了。举个例子来说，笔者的母亲去年到桂林小住，家住桂林的姨娘带她老人家去了一个地方，后来，母亲自己也经常去，因为那里可以免费为老人做各种治疗，随到随做，一天 24 小时无偿服务——没想到桂林还有一家这么好的慈善机构。忽然有一天，母亲带回家一台功能强大的治疗仪，说是什么病都能治。我问她："这么好啊，还可以带回家里来免费用?"她说："1000 块钱买的，效果很好，而且不贵。来，坐下，我用它帮你减减肥。"我这才明白，原来这么处心积虑的，是为了卖医疗设备。不过，看老人家高兴，我也没再说什么。没过几天，我母亲又说："我帮你们买了一台净水机，很好的，美国总统家里都用这玩意，不贵，才 5000 块钱，我已经交了 200 块钱定金了，明天就过去取……"我赶紧打断她，说："妈，好了，好了，那 200 块钱咱不要了，那个净水机你千万别买，我们用不起。"后来，做了好久的思想工作，终于说通她了。结果，第二天，母亲又抱了一台包治百病的治疗仪回来，说："200 块钱人家不退，不要可惜了，我又加了几百块钱，买了一台治疗仪，这个是送给你岳母的。"唉，我无言以对，简直防不胜防啊。

第五个层次就是通过产品和服务卖体验了。举个例子来说明：前年冬天我们全家在北京过年。有一天，我们哥俩带着两个孩子出去玩。到了一个郊区农场，可以自己到田里摘草莓，孩子们一定要玩，我们就进去了。农场主给了我们每人一个小篮子，说根据草莓品种不同，可以选择到 80、100、120 元三种价格的田里去摘。我说："篮子这么小，顶多装两三斤，怎么这么贵啊?"我哥说："不是一篮子 80、100、120，是一斤 80、100、120。"我吓了一跳，虽然是冬天，不过超市里还有草莓卖，顶多 20 块钱一斤啊。农场主笑呵呵地又说了："我们卖的不是草莓，是体验!"哦，我终于明白了。本来想走，可孩子们一定要"体验"一下，没办法，只能跟着一起也去"体验"了一把。你别说，过程还真挺快乐。不过，草莓拿回家里一尝，味道确实一般，多半都扔掉了，手和脚是"体验"好了，嘴巴和肚皮的"体验"可就太一般了。第二天，孩子们还想去体验，我赶紧拦住,“得了,浅尝辄止吧”。这位农场主还不是最高境界,最让人佩服的还得说是动物园的叔叔阿姨,也不知道是哪位高人想出来的辙,我们家孩子每次到动物园一定要买饲料去喂动物。这招太高了,客人拿自己的钱(价挺高,还排队)买他们的饲料,再去喂他们的动物,他们不但赚足了钱,还省下了喂动物的饲料钱和劳动力,真是一本万利啊。零售做到这个份上,可以说无往而不利了。

零售企业从卖产品到卖体验的成长历程如下图所示:

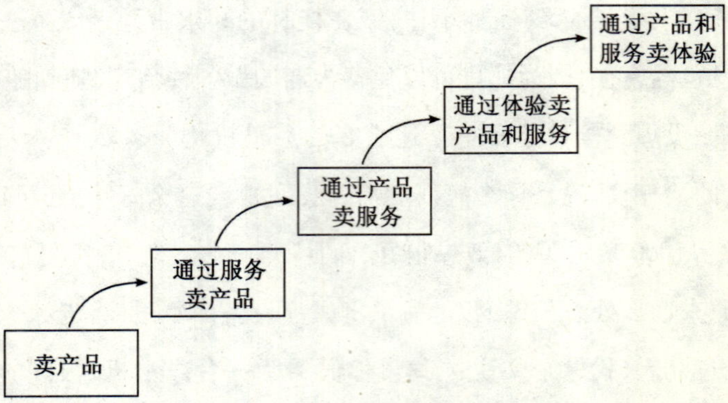

◆零售企业成长历程

当零售企业达到“通过产品和服务卖体验”的层次时,企业卖的是什么产品,提供的是什么服务就已经不重要了,企业拥有一大批忠诚的用户群,卖什么产品和服务都可以赚大把大把的钱。

二、3C 零售

如果让你选择在每天的工作和生活中最离不开的几样东西，估计大多数人都会选择手机、电脑、电视等 3C 产品。而除此之外的东西则大多和衣食住行、吃喝拉撒有关。这可以充分说明 3C 产品在人们生活中的地位。与其他的消费者必需之物相比，3C 产品具有四个特点：

· 价格相对较高。一部手机几千块，贴膜都几十上百，买个高端耳机比手机还贵。

· 使用过程具有一定的复杂度。即使像苹果这么高度人性化的产品，仍然要培养使用习惯，大部分消费者能用好产品 30%的功能就不错了，要用深用透殊为不易。

· 消费者会频繁使用它。工作离不开电脑，休闲少不了平板电脑，手机忘了带就像丢了魂，人们每天花在 3C 产品上的时间越来越多。

· 往往以“主机+配件”的形式出现。用户用的是主机，但为了用起来更方便，一般会购买大量的配件配合主机使用。这就为配件的销售带来广阔的空间。

我们从以上特点中各取一个字，用“高复频配”产品来表述 3C 产品的特点恰如其分。具有“高复频配”特点的产品，除了 3C 产品之外，还真找不出几个。服装价格够高，使用频繁，但不复杂；家电基本上就是开开关关；常吃的食品算不得高大上；房子、车子用起来也没有什么难度……当然，互联网家电和互联网汽车除外，它们也属于 3C 产品了。随着人工智能的兴起，很多原来无趣的用具会被赋予人工智能，变成 3C 产品。因此，3C 产品的覆盖面和影响力会不断扩张。这就是凯文 · 凯利在《必然》一书中给广大创业者指明的创业方向：找到一个领域，然后加入人工智能。

正是这些特性决定了 3C 产品的零售与其他产品的零售有很大的不同：价格较高，决定了消费 3C 产品的用户往往层次也较高，或者对于用户来说，做出购买的决定不是一件轻而易举的事情。这就要求 3C 产品零售商给用户营造一个优雅舒适的购物环境，合理安排产品的陈列，让用户可以慢慢地挑、从容地选，给用户充分的购买理

◆3C 产品的代表：苹果

由。3C 产品使用过程具有一定的复杂度，意味着用户不是一上手就可以用得很好，如果用户现场体验时找不到感觉，那他一般不会购买该产品。这就要求零售商的员工充分了解产品，给用户讲清楚、说明白，充分展示产品的功能和价值，提高用户的购买欲望。消费者会频繁地使用 3C 产品，也就代表用户使用过程中遇到问题和障碍的几率很大，如果不能及时得到解决，用户就会把产品束之高阁，今后再购买此类产品的可能性也就大大降低了。这就要求零售商在用户使用过程中提供周到的服务，帮助用户及时解决各种问题和故障，全面提升用户体验。产品分为主机和配件，而且一般来说，配件的毛利率远远大于主机的毛利率，这对零售商来说既是机遇，也是挑战。机遇是可以出售更多的东西以获取利润，挑战是配件成千上万，层出不穷，零售商本身都挑花了眼，更不知道该如何给用户推荐了。这就要求零售商对配件进行合理选型，择优选出最能打动用户的配件作为主打产品进行推介，同时要关注主机和配件销售的配比（也就是每卖一台主机可以顺带卖掉多少配件），让主机的销售成功地带动更多的配件销售。这有点像麦当劳，吸引大家去麦当劳的是香喷喷的汉堡，十几块钱一个，有面饼、肉饼、蔬菜、水果、沙拉酱等，真的很划算。其实卖汉堡是赚不了几个钱的，因为毛利率很低，但客人不会只吃汉堡，总得来点饮料、薯条吧，孩子还得来点鸡米花、冰淇淋，这些“配件”的毛利率可就高了，麦当劳是用平价的汉堡吸引客人，用高价的配餐赚钱，这和 3C 产品零售通过主机卖配件有异曲同工之妙。

3C 产品零售用户群主要包含四个群体，即高端市民（对主机和配件来说都是主要消费者，是最重要的用户群）、有一定消费能力的学生（以配件消费为主，对主机有一定消费能力）、有一定消费能力的游客（基本全部消费配件）以及部分单位用户（以消费主机为主，配件往往作为礼品)。这四类用户的群体特征如下：

· 消费能力强。

· 文化素质高。

· 容易接受新事物，往往喜新厌旧。

· 崇尚自由，希望受到尊重，追求时尚、轻松、舒适。

把握了用户群的特征，我们就可以有针对性地设计用户的体验之旅了。从心理学的角度分析，用户体验的好坏主要体现在其对各种需求的满足程度上，各种需求都得到满足了，体验就好；否则，体验就差。而需求是否得到满足，主要看用户对你的期望值与你实际提供的服务之间的差距有多大。

3C 产品制造商有很多世界级的企业，零售商本来也可以出几个世界级的企业，因为 3C 产品已经成为大众必需的日常用品。但目前零售商里还没有世界级的企业，甚至像国美、苏宁这样的国内知名企业也做不到，这究竟是为什么呢？

第一，过度依赖厂商或运营商。过去 3C 产品零售企业大多只是 3C 产品生产企业的附庸，厂商给什么资源就用什么资源，厂商让干什么就干什么，没有自己的经营思路和商业模式，心甘情愿地做人家的“渠道”。当然，这也是因为做渠道能轻轻松松地赚钱。曾几何时，知名 3C 产品品牌的代理商和专卖店成了一个造富机器，有很多小老板傍着苹果、联想发家，但随着市场竞争的加剧，产品主导市场的格局一去不复返，现在成了消费者说了算的天下，原来人人争抢的好产品现在成了垃圾库存，因此又有多少辛辛苦苦成长起来的大老板随着波导、夏新的覆灭而消亡。一个过度依附于别的企业的企业，是不可能成长为一个伟大的企业的。

◆厂商

第二，管理和服务不到位。在日本 7-11，其门店的系统每天固定五次收集天气动态信息，因为门店要根据天气情况预测每天的销售趋势。由于午餐、饭团和三明治等食品占据日本 7-11 每日销售额的一半左右，而这些商品的销售周期短，贩卖情况又和天气息息相关，因此事先掌握天气情况是预定当日商品数量的关键。另外，天气变化还可能影响商品陈列和堆头，影响商品采购和人员配置，影响店内软硬件设施，甚至影响背景音乐的播放。例如，突然下雨，门店的盒饭和一些快餐的送餐订单一定会大大增加，这时候就需要有足够的人力去配合这一变化，满足用户的特殊需求。3C 产品零售企业有谁能做到这一步吗？没有，我们可能连开个晨会都坚持不下去。3C 产品零售的早期，由于钱比较好赚，大家都忙着去赚钱了，没有人重视管理。更有很多在别的行业有点成就的老板感觉 3C 产品零售很有赚头而转投这个行业，但店开了之后就做甩手掌柜，不知道该怎么管，甚至根本不去管。这在市场形势一片大好的时期是可以的，但当残酷竞争的风暴来临的时候，很多表面繁荣的 3C 产品零售企业就在风中凌乱了。

◆7-11

第三，不抱团。这是 3C 产品零售行业的另外一个不良风气，除了偶尔调调货，不同企业之间很少打交道，因为同行是冤家。但是要知道，你面对的是什么样的上下游啊。先看上游，苹果、三星、索尼、惠普、宏基、联想……一长串如雷贯耳的名字，和他们打交道的好处是你有好的产品卖，坏处是店大欺客啊。你这边只有蜷缩在城市角落里的三五家小店面，人家那边已经是世界 500 强了，你拿什么筹码和人家谈判？再看下游，消费者越来越挑剔，品牌忠诚度越来越低，对你服务水平的期待越来越高……3C 产品零售商只能夹在中间两头受气。唯有抱团取暖才有可能解决这个问题。但是,同行是冤家,冤家之间的合作谈何容易啊。

第四、第五、第六……能举出来的还有很多,不过,事不过三,我想老板们都清楚自己的店面做得怎么样,能解决前面的三个主要问题也就有了不断前行的基础了。

想成为世界级的公司必须先遇到世界级的变革机会,那我们必须明察秋毫,在这种机会初露端倪的时候就抓住它。新的世界级的变革机会是否到来了我们不知道,只知道目前 3C 产品零售业务除了业内最近的两次重大变革即连锁经营和电子商务仍然在不断深化之外,又出现了如下几个明显的发展趋势:

第一,3C 产品零售店面正从传统的单一销售功能向将品牌专卖、产品展示、用户培训、维修、技术支持、DIY、休闲娱乐等要素整合在一起的新型 3C 产品零售专业店过渡。店面的面积越来越大,装修越来越舒适和大气,区域划分越来越规范,人员越来越专业,服务越来越周到,和用户的关系越来越紧密。进到店里,你丝毫感觉不到这是卖东西的地方,而更像是一个会所,一个可以让你和朋友喝喝茶、聊聊天,了解一下最新最炫的高科技产品,轻松解决手上的 iPone 使用中的问题(而且是免费的)的地方,甚至是闲来无事发呆的好去处。销售人员不会因为感觉你可能不会买什么东西而对你冷言冷语、爱答不理,因为他们知道,店里的客人是吸引更多的客人进店最好的广告(而且也是免费的)。你待的时间越长,他们越开心,哪怕没从你身上赚到一分钱,还倒贴了几杯茶水,因为你就是他们店里的活广告,为他们带来了更多的客人。这样的地方你愿不愿意去?愿意!大家都愿意去的地方,还能不火吗?

第二,零售正在从原本依附于知名厂商,为产品找用户的低级层次向打造自有品牌,为用户找产品的高级层次进化。这是由于前面提到的原因:在 3C 产品零售行业,原本由厂商和产品主导的格局正逐步被消费者主导的格局所取代。作为最贴近消费者的产业链环节,零售商必须以用户为中心,专注于用户体验的提升,拥有足够多的、忠诚的、优质的用户,要找到符合用户需要的产品和服务是轻而易举的。有谁听说沃尔玛是什么知名产品的专卖店吗?没有吧。但消费者都知道,到沃尔玛去可以最低的价格买到自己想要的东西。因为沃尔玛掌握了用户,所以很多知名厂商反过来求着它,沃尔玛是主导者,这就是它的过人之处。

第三,社区连锁零售将成为主流。随着生活节奏的加快,消费者对于购物便利性的需求越来越高。虽然电商大行其道,但零售本质上还是一个“近者为王”的行业,电商也是拉近了与用户之间的心理距离而获得广泛认可的。用户,尤其是高端用户,再也不会为了节省几块钱而专程跑到科技市场去了。堵车的烦恼、停车的困扰、嘈杂的环境、偶遇的水货、缺失的服务等,都极大地增加了用户去科技市场的成本,使得经过半小时艰苦的讨价还价获得折扣的价值大大缩水。社区店,就在你的身边,也许你午饭后漫无目的散步的时候就会无意中发现它,抱着随便逛逛的心态走进去后却可以获得意想不到的收获。从此,你对它有些喜欢,有些心动和行动,甚至有些依赖。当然,老板想靠一家社区 3C 产品零售店就发家是不可能的。所以,连锁,这个强有力的武器又可以派上用场了。

第四,从卖产品转向卖服务、卖体验或者产品、服务、体验打包出售。随着经济社会的快速发展,人们对生活品质和服务水平的要求越来越高,体验经济日渐兴起。作为与用户拥有最多体验接触点的零售行业,自然将率先接受用户对体验满意度要求的苛刻检验。但这未必是坏事,因为服务和体验本身可以创造产品无法比拟的极高价值。

第五,业内联合成为必然。线上 3C 产品零售行业目前已经是京东、天猫等少数巨头垄断的局面,线下 3C 产品零售走出困局的唯一出路也是联合。但与线上不同的是,线下联合的结果不会是一家公司独大,而是某种深度合作的联盟。这是因为场地、库存、人员等占用的资金太大,风险太高,已经不可能由一家公司通吃 3C 产品实体零售行业。但建立一个覆盖全国的,拥有上万家店面的,以产品销售和用户服务为主线的产业联盟还是有机会的。关键看是否有人有这种雄才大略和博大胸怀,可以团结起一切可以团结的力量。

第六,3C 产品零售和其他行业相融合。也就是说其核心是维系好老用户群,不但可以提供 3C 产品与服务,还可以提供健康、文化、教育等各方面的产品与服务,用户需要什么,你就提供什么,实现的方式无外乎是资源的整合。这样做还有一个好处,就是用户的黏性取决于你和他的接触面,你们每个月接触一次,一次只接触 5 分钟,谈一个话题,和你们每天接触一次,每次接触 1 个小时,谈各种话题,其黏性是有本质的不同的。你能够为用户提供的服务越多,你和他的接触面越广,他的黏性就越高。

最后,互联网深入到实体零售的骨头和基因里去。信息化改变世界经历了无纸化办公(表面贴敷)、部门级系统(局部治疗)、企业级系统(整体治疗)、业务流程重组(平衡阴阳)、商业模式创新(健身预防)等若干过程。原本只是企业管理的工具或辅助手段的互联网,现在越来越深入到核心业务中,成为业务的一部分,甚至是最精华的部分。通过信息技术革命引发商业模式创新,已经在众多行业中彰显威力。零售行业也到了利用互联网来平衡阴阳、健身预防的时候了。电子商务的蓬勃发展充分证明了互联网的力量。今后,零售行业的互联网化将从电子商务扩展到电子采购、电子物流、电子仓储、电子管理、电子服务……一切都将电子化,而零售领域的第五次重大变革,也将在这个过程中拉开帷幕。

第二篇

夯实零售基础

不管科技怎么进步，市场如何变化，商业的很多底层逻辑依然适用，那就是用心去做，做到比别人更专业，你就有未来。实体零售风雨飘摇，要想屹立不倒，唯有夯实基础。

一、基础有哪些

3C 产品实体零售基础有哪些？分析来分析去，其实主要就是要解决“在哪里卖”“卖什么”“怎么卖”和“怎样卖得更好”这四个问题。

“在哪里卖?”主要在店里卖，所以首先是店面管理问题（当然，以后要做到随时随地地卖，这是第三篇要谈的话题）。

“卖什么?”卖产品，所以其次就是产品整合问题。

“怎么卖?”靠销售人员按照专业的销售流程来卖，但是零售企业的员工普遍存在素质低、流动性大等问题，销售流程也往往非常初级，所以再次是员工招募与训练，以及专业的店面销售流程问题。

“怎样卖得更好?”要积累更多优质的、忠诚的老用户，所以最后是用户服务的问题。

综上所述，店面管理、产品整合、销售流程、员工招募与训练以及用户服务是实体零售的五大基础。

店面管理主要是四个方面的问题，即选址、装修、软环境营造和日常管理，其中前三个问题都是用来营造店面氛围的。

选址是店面建设初期的头等大事。很多店面一开始就选错了位置，即使付出再多努力，也很难获得理想的结果，而正确的选址则可以起到事半功倍的效果。店面装修也是影响销售业绩至关重要的因素。一般来说，对于专卖店的装修厂商有明确的标准或要求，但每个店面的情况都不相同，零售商的意见才是最重要的。只是零售店老板习惯把这些问题交给厂商处理，然后推卸责任，并忍受由此带来的后果。店面是零售商的重要阵地，赚不赚钱是自己的事情，作为老板必须花更多精力研究如何装修和布置店面才能更好地吸引客户。有想法的老板更愿意自己动手装修，而不是贪图厂商的装修支持，因为后续销售带来的利润才是最重要的。有了理想的选址和体面的装修，并不是就万事大吉了。我们经常会遇到黄金地段很多装修豪华的大店，进去之后却有种局促不安的感觉，或者产品的摆放杂乱无章，或者销售人员的表情呆若木鸡，或者卫生状况实在堪忧，让人有一种想尽快离开的冲动，这就是店面的软环境出问题了。店家应该利用各种手段营造一种让用户感觉温馨舒适、流连忘返的氛围。留住了客人，你就成功了。环境营造好了，日常管理也必须跟上，比如晨会、夕会、日报、周报等都是店面日常管理的必备手段，以下我们会一一讲述。

相比于店面管理，产品整合就要复杂一些了。需要零售商关注的内容包括产品选型与组合、销售任务管理、产品动态管理、库存管理、定价和促销等问题。毕竟产品琳琅满目、品种繁多，而我们的店面容量和人员数量有限，应该采购哪些产品，力推哪些产品，这是零售店老板一直头痛的问题。不幸的是，产品选型这个问题是回避不了的，而且是影响店面利润最重要的因素之一。花样繁多的产品选购进来了，应该主推哪些产品，怎么去推，这是产品组合要解决的问题。销售任务管理就是要确定公司整体的年度目标、季度目标和月度目标，并把这些任务分解到各个店面和人员身上，否则一切都是空谈。任务分解做好了，还要在销售过程中定期对销售情况进行及时的记录和分析，看看哪些产品卖得好，为什么卖得好，哪些产品卖得不好，又为什么卖得不好，然后把好的经验在全公司推广开来，把不好的问题想办法解决掉，并避免在全公司范围内再出现类似的问题……这些就是产品动态管理要做的事情了。下一个问题是库存管理，这里要讨论的并不是记录昨天进了多少货，卖了多少东西，仓库里还有多少个 iPad2，多少个花王品牌的女性笔记本电脑包，而是要搞清楚主机和配件产品的合理库存周期是多少，一般什么时候进货，一次进多少，由公司统一进货还是各个店长自行采购，库存的产品中哪些已经积压了三个月以上了，应该怎么处理，等等。老板，这也是您关心的问题吧？再往下，是定价。这也是一件让人抓狂的事。厂商有定价规则，可是按照那个死规则行事，根本无法和 50 米外那家竞争对手的店面抗衡，怎么办？我的店面是应该针对高端客户群，把价格定得高高的以体现他们的档次，还是应该薄利多销，聚揽“长尾理论”中那些为数众多的低端消费者？对面那个竞争店面又在降价了，我是该应战，还是……谁能告诉我？明天是教师节，我该给可敬的人民教师打 9.9 折，还是 9.85 折？这些，都要靠科学合理、机智灵活的定价机制来决定。最后一个是促销。促销活动的组织和实施是店面的常规工作内容，也是锻炼队伍的主要手段，良好的促销可以提升门店的吸引力和团队整体的竞争力。促销的目的并不是抓住机会多卖点东西这么简单，很多著名的零售商就是靠几次神来之笔的大型促销活动来聚拢人气、提升品牌、赢得客户芳心，并最终名垂青史的。当然，促销并不单指耗时几个月、动用数百人的大型活动，单个店里灵感乍现的短期活动也可以起到意想不到的好效果。

销售流程往往是决定用户成交与否及满意度高低的关键。回顾3C产品实体零售我们发现，从销售流程上来讲，它走过了三个发展阶段：零售1.0阶段，员工与用户的沟通时间大概只有5~10分钟，店员能做的事情就是推荐产品和讨价还价，店面一般只能销售主机和部分低端配件产品。零售2.0阶段，店员和用户的沟通时间上升到45分钟至1个小时左右，店员可以相对完整地和用户一起走过获得认可、挖掘需求、推荐产品、促成成交、现场服务、二次销售、欢送客人等流程，店面可以销售一些附加值较高的高端产品。目前，我们迎来了零售3.0阶段，在这个阶段，销售人员和用户的交流随时展开，地点也由店面延伸到用户的家里、办公室或者用户临时指定的地点，有些是线下面对面交流，也有很多情况下是线上交流。店面根据用户的需要整合各种产品和服务，以更方便用户的方式提供。本书当中，我们将详细讲述零售2.0阶段和零售3.0阶段的销售流程。

在这五大基础中，最重要，也是最困难的恐怕得数团队建设了，也就是员工招募与训练。在这方面，零售商要着重做好以下几项工作：

- 选合适的人——招聘
- 教他/她怎么做——培训
- 激发他/她的热情——业绩考核
- 检查他/她做的情况——店面巡检
- 给他/她更大的发展空间——晋升
- 帮助他/她开创自己的事业——内部创业
- 实在不行的话就放弃他/她——淘汰

最后一个是用户服务，也就是用户体验管理。用户体验已经成为3C产品零售管理的核心，成为零售企业之间竞争的焦点，能给用户带来美好体验的零售店必将在市场中最终获胜。这一点，我们会在后面重点描述。

下面，我们就从店面氛围营造、日常管理、产品整合、员工招募和训练、店面销售流程、基础与高端产品销售等方面开始我们的讨论。

二、店面氛围营造

1.店面类型

3C 产品零售店面主要有六种类型,分别是卖场店、商场店、商业区店、社区店、宾馆店和机场店。其他的地方也不是不行,但效果往往会差一些,比如在学校旁边开一家,虽然想象中应该会很火爆,但实际情况未必如此。我们来看看这六个地方开的店有什么各自的特点:卖场主要指科技市场,卖场店的用户大多有明确的消费目的,以主机销售为主,个人和单位用户都有,对价格很敏感;商场店也是个人消费和单位消费都有,购物卡消费占有一定比例,主机和配件都可以形成一定规模的销售,对价格相对不敏感;商业区主要指繁华商业区、步行街或电子一条街,商业区店的用户流量大,有一定的偶然性,以配件销售为主,主机也可以销售,对价格比较敏感;社区店以在周边工作或生活的个人消费为主,主机、配件都可以销售,对价格相对敏感;宾馆店主要针对经常在周边活动的商务人士,大多已经拥有主机,以配件销售为主,对价格不敏感;机场店的用户以商务人士和游客居多,以配件销售为主,对价格不敏感,用户来自世界各地,都在你的店里汇集,其价值可想而知,对于那些搞连锁经营的零售企业更为重要,所以哪怕是不赚钱,很多知名品牌也愿意在机场搞个形象店来打广告。

下面通过表格的形式对 3C 产品零售店面类型进行了对比:

店面类型	用户群	客流量	有效客流量	竞争	主力产品	价格敏感度
卖场店	个人、单位	大	小	残酷	主机	很敏感
商场店	个人、单位	一般	较大	较少	主机、配件	不太敏感
商业区店	个人	很大	较大	激烈	主机、配件	较敏感
社区店	个人	一般	大	一般	主机、配件	较敏感
宾馆店	个人	小	一般	少	配件	不敏感
机场店	个人	较大	小	少	配件	不敏感

2.店面选址

谈到店面选址，我们没法不想到常被人津津乐道的麦当劳选址。1974 年，麦当劳的创始人雷·克罗克应邀为德克萨斯州立大学的 MBA 做演讲，在一场激动人心的演讲之后，雷问大家："谁能告诉我，我是做什么的？"大多数人都笑了，一个学生说："谁都知道，你是做汉堡包的。"雷哈哈大笑："我料到你会这么说。女士们，先生们，其实我不是做汉堡包的，我是做房地产的。"创始人的话一点没错，经常吃麦当劳的人会有印象：几乎每一个麦当劳店生意都很兴隆。麦当劳生意兴隆的原因除了品牌的因素外，店址的选择也是至关重要的条件。选到了合适的地点，等于生意成功了一半。麦当劳中国华东地区的总裁也曾这样讲述：麦当劳之所以开一家火一家，第一是地点，第二是地点，第三还是地点。麦当劳真正的赢利模式是购地自建连锁店租给加盟者，或把一个精心考察过的店铺租下来，租期 20 年，跟房东谈好 20 年租金不变，然后吸引加盟商，把这个店铺再出租给加盟商，并向每个加盟商加收 20% 的租金，以后根据这块地产升值的情况，租金相应地递增。因此，高超的选址能力才是麦当劳的核心竞争力。

在选址问题上，麦当劳有一本厚达千页的规范手册作为指导，一切都程序化。另外还有一套广泛而详尽的店址决策系统，包括人口统计数据库和以人口统计为基础的专业行销研究机构的决策支持。麦当劳借助此系统能对目标店址方圆五至七里范围内的消费群和竞争态势做出透彻分析，可以充分保证麦当劳商铺选址的万无一失。

◆每家麦当劳旁边都有一家肯德基

我国3C产品零售店面的选址水平还达不到国际知名企业的水准，而且由乱到治需要有一个过程，一下拿出千把页的选址规范来，我们的老板都看花眼了，肯定执行不了。下面就介绍一种3C产品店面选址的简便方法——关键指标加辅助指标法。

关键指标是指必须满足的指标。只要有一条关键指标不满足，这个店面其他的条件再好，也不能选择。因为每一条关键指标都是致命的，在不满足的情况下勉强开店，会对店面销售带来严重影响。那时候，房租交了，装修搞了，人员招了，产品进了，销售却迟迟做不上去，想退又没有退路，只能承受巨大的损失，这是每个老板都不愿意看到的。

这其中，需要特别注意的是，黄金位置不等于黄金店面，店面选址必须同时兼顾有效客流、有效面积、周围店面、店租、卖场的演变及其他干扰因素等。客流量也不等于客流质量，3C产品卖场周围有很多人，包括场内人员和各种相关生意人（厂商总代、物流配送、外卖等），如果不加辨认，这些人可能会被误认为是有效客流。优质用户的数量才是店面生存的关键，在选址前，必须对店面的优质用户流量进行深入研究，甄别这些用户的来源和购买倾向，尤其是配件产品的购买倾向。除了无关人员，用户分为优质用户、普通用户和潜在用户。潜在用户近期可能没有购买能力，但是有购买需求。普通用户购物预算很紧张，只能购买低价产品，并且对价格十分了解，即使优秀的销售人员也很难从他们身上赚到钱。优质用户才是我们真正的顾客。

调研客流量的具体方法为：安排专人负责，进行为期两至三周的实地调研，调研分时段进行，早晨10点后每两个小时算一段。调研内容主要包括：

- 客流总量（经过该店门口的）
- 有效客流量（目标用户群的用户数量）
- 进店用户数量（选择一至两家附近的同类店面进行考察）

调研得到的数据计入下面的表格中，从而得出客流量的真实数据。

时段	10~12	12~14	14~16	16以后	合计
客流总量					
有效客流量					
进店用户数量					

有效面积的指标也至关重要，除非厂商有明确的要求，并且给予较大的支持，3C产品专卖店的净面积应该控制在60~200平方米。店面过大运营费用会提高，店面装修和店面产品配备都需要付出更高的代价，所以不划算。店面过小将无法给予用户好的产品体验，用户的信任度也会降低，因此不适合做3C产品专卖店。

周围店面的生意状况是选址最好的参照。首先，从用户购买心理看，几个相同档次、不同品类的专卖店在一起更能让他们停留下来，效果远好于孤单的一家店面。其次，选取一两家主要店面，观察这些店面生意状况：客流量、成交率、价值产品成交率、配件销售情况等。最后，要看店员的专业程度和工作热情。现阶段，3C产品零售的竞争不仅仅来自同一个品牌的专卖店，实践中我们发现：用户往往能够接受两至三个品牌或型号的产品。同时，员工也同样会受到周围店员的影响。因此，附近店面的销售能力值得我们认真研究。

店面选址好的邻居非常重要，有三类邻居是万万要不得的：

一是“中关村”型邻居。其特点是对用户生拉硬拽，经常被投诉，甚至与用户发生肢体冲突。这种邻居带来的危害是闹心，他们经常围在你的门口，甚至会到你的店里拉用户，店面间直接斗狠的情况也时有发生。我们的用户看到他们店里吵闹，也会产生疑虑，甚至离开。

◆中关村

二是管理混乱型邻居。这种邻居的特点是员工懈怠、客流量小、成交率低。管理混乱必然造成生意惨淡，有这样的店面在旁边，用户会误认为这一带的生意都不好，对你的店面也产生不信任感。而且员工的懈怠情绪有着很强的传染性，看着那些员工自由散漫、无所事事，你的员工也难以保持高昂的斗志。

三是档次过低型邻居。店以类聚，人以群分。同档次的店面虽然有竞争，但是对同类用户的吸引力是有效的，如果店面之间经营的产品档次差距过大，店面的生意也会受到影响。比如笔记本专卖店绝不适合与耗材、小数码或者水货手机的店面在一起，否则用户会对我们产品的真伪产生怀疑。

◆择邻不慎的联想专卖店

除了上述三忌以外，刚开始起步做零售的朋友还要注意：不要与过于优秀的店面靠得太近。他们就像一堵不可逾越的墙，让老板和员工备感压力。起步阶段，还是要尽量选择轻量级的对手，逐步成长再去挑战当地的优秀店面，否则不利于团队的成长。

如果你想把自己的店面放在一个科技市场里面，那一定要当心了，中国的 3C 产品市场不断出现这样的状况：被广泛看好的卖场，从开业起就没有红火过。中关村科贸、硅谷电脑城、济南百脑汇就是它们中的代表。遇到这样的卖场，商家自然是苦不堪言，进退维谷，租金虽不高，但是多数商家都会亏钱。近几年，很多卖场凭借台湾人的管理优势成长为当地市场的“霸主”。中关村鼎好、广州太平洋、上海百脑汇就是它们中的代表。内资卖场中，颐高在华东地区也有很好的表现。但即使这样，进驻的商家多数也面临以下情况：合同只签一年，房租随便涨，随时可能被其他商家取代，不仅很难赚钱，而且经常面临“潜规则”。每年，商家交上房租、发完工资，落到自己手里的利润就少得可怜了。

优秀的店面必须能够同时留住三拨以上的用户，让他们非常舒适地在店里待够半个小时以上。如果达不到这个效果，就难以成交，即便成交，用户也会产生烦躁情绪，这种情绪必然影响周围的客人。

下面举几个可能的关键指标的例子，当然，这不是放之四海而皆准的，各位老板可以举一反三，给自己的店面选址设置若干不可触碰的高压线。

序号	关键指标	指标要求
1	交通便利程度	用户通过地铁或自驾车可以方便到达
2	周边停车位数量	至少拥有 100 个停车位
3	每周客流总量	至少 50 万
4	每周有效客流量	目标用户群的客流量至少 5 万
5	店面面积	60 平方米到 200 平方米之间
6	楼层	首选 1 层，顶级商圈可以选择 2 层或地下 1 层
7	房租	处于该城市店面房租的较高水平，但可以接受
8	门面是否醒目	位于主干道，用户可以方便地看到店面招牌
9	用户到达便利性	可以方便地到达店面
10	安全性	店面安全有保障

如果你有两个店面可以选择，而且它们都完全满足关键指标的要求，而你当下只想开一家店，那怎么在这两处场地之间做选择呢，那就需要考虑辅助指标了。

辅助指标就没有关键指标要求那么严格了，可以满足，可以不满足，也可以部分满足。根据满足的情况打个分值出来，然后把各项得分汇总起来，得出该场地的最终得分，比较一下两个场地得分的大小，把分数高的那个作为最终选择就可以了。当然，不同的辅助指标的重要性也不一样，如果你够细心，可以给每个辅助指标设置一个权重，计算总分时把权重也考虑进去，那就更靠谱了。下面也列举了一些辅助指标的例子，供各位参考：

序号	指标项	指标要求
1	店面整体形象	整体形象要体现产品档次
2	竞争店面数量	适度竞争

续表

序号	指标项	指标要求
3	竞争店面管理水平	敌强我强,但不宜在起步阶段硬碰强劲对手
4	互补店面数量	最好有1~2家互补店面,可以相互带动
5	城市总体消费水平	要有一定数量的高端人群
6	商圈类型	卖场、商场、商业区、宾馆、社区、机场、其他
7	商圈影响力排名	大城市一般可以选择多个商圈,中等城市选择排名靠前的商圈,小城市则要在最好的商圈
8	店面格局	方形店面,门面足够宽,最好没有柱子或拐角
9	仓库面积	要有仓库,但无需太大
10	产品运输便利性	产品运输要方便
11	是否独立收银	最好独立收银,否则光资金占压就害死人
12	合同期限	5年以上为宜,最少2年
13	合同条款合理性	应合理,没有霸王条款
14	制约因素	如和卖场物业的关系
15	基础设施	水、电、暖、卫生间等

位置评估的相关数据主要来源于网络查询、机构调查、实地调研等。通过实地调研获得第一手资料非常重要,比如进行客流量的现场调研。

3.店面装修

很多老板把店面装修遇到的问题归结为厂商标准失当或者错误指导。这听起来似乎有些道理,但其实很荒唐。店面装修的品位是老板个人品位的直接体现,也极大地影响日后的经营业绩,因此自己动手装修,不要贪图厂商的装修支持,有思想的老板都愿意这样做。

如果您真的想自己装修,应该注意些什么呢?这里提出几点建议:

•必须研究如何装修和布置店面才能更好地吸引用户,这是装修的关键。

•店面装修要包含主力产品展示区、宣传品展示区、配件陈列区、用户洽谈休闲区、技术服务区、收银区等,这些分区可以两两合并,但每一项都不可或缺。

•大店装修风格:宽敞的展示和体验空间,丰富的产品陈列和配件组合,充分彰显店面和企业实力,最大限度地吸引优质用户。大店也要注重细节,通过细部处理充分体现企业对用户的关爱。各种温馨提示和技术引导都是很好的手法。

• 小店装修风格：珍惜每一寸面积，展示更多产品，让优质的产品触手可及，充分激发用户的购买欲望。

• 店面装修的四个要点：简洁、明快、实用、环保。

• 材质：多用原木和玻璃等环保材料，色彩尽量选择浅色调。

• 装修的目的就是要凸显产品的精美外观和高贵品质。复杂的装修会分散用户的注意力，无法衬托出产品的美感。

• 装修三忌：看到家具看不到产品；家具色彩过于艳丽，盖住了产品的亮点；玻璃门窗将产品与用户隔开。

针对每个部位的装修要求，我们提出了一些具体指标，仅供参考。

指标类型	指标项	指标要求
整体	风格	简洁、明快、实用、环保
	灯光	柔和、温暖、亮度高但不刺眼
	音响	足够好的音响设备
	主色调	以红色、橙色、黄色、白色等暖色调为主
	安全保障	尽可能采取措施保证店面的安全，如果安装防盗网最好是隐形的或可以推拉的
招牌	大小	宽度尽量覆盖整个门面，高度与宽度相协调，不产生压抑感
	材质	亚克力板、钢化玻璃等
	霓虹灯	夜晚要有常亮或闪烁的灯光，但不能过于花哨
	图案	简洁、美观，公司或产品 Logo 加店名、联系电话
	色调	黑色、墨绿色、银色等庄重典雅的颜色
地面	材质	复合木地板、高档防滑瓷砖、大理石等
	图案	简单、单色
	色调	深色、耐脏，与墙壁、家具相协调
门	材质	钢化玻璃等透明材质，如果安装防盗门尽量保证营业时用户看不到
	大小	如果可以改造，尽量让门宽敞大气
	其他	考虑冬天室内保暖的需要

续表

指标类型	指标项	指标要求
橱窗	材质	钢化玻璃等透明材质
	大小	临街一面最好全部为橱窗
	其他	部分用户可能有私密性的要求,要考虑配备窗帘
窗户	材质	塑钢或铝合金
	颜色	与墙面一致
	大小	除非特殊需要,否则保持原有尺寸即可
	其他	密封性要好,达到隔音和保暖的要求
墙面	材质	乳胶漆
	颜色	浅色调、淡色调,以白色为宜
	背景墙	一般位于店门正对的墙上,根据墙面大小适度安排,图案简洁明快
	其他	根据特殊要求可以增加墙纸
天花板	造型	造型简洁
	高度	不要影响层高
	颜色	浅色调、淡色调,以白色为宜
灯	数量	尽可能少
	造型	简单为上
	光线	可以提供足够的亮度
主机展示区	面积	主机展示区的面积和店面类型有关,主卖主机的卖场店主机区应占到店面总面积的30%左右,商城店、商业区店和社区店应为20%左右,其他店控制在10%以下
	位置	一般靠近门口,在入口的右侧,用户首先看到的区域
	展示方式	开放式展台,陈列部分产品实物,用户有足够的活动空间
	展台高度	110厘米左右,便于用户站立或坐吧台椅进行产品体验
	材质	环保材质,台面有一定硬度,防水、耐磨、防滑
	展台色调	浅色调,但不能是透明的
	椅子	高度配合展台,最好是可以升降的吧台椅,满足不同身高的用户需要

续表

指标类型	指标项	指标要求
配件陈列区	面积	配件陈列区的面积和店面类型有关，主卖配件的宾馆店和机场店配件区应占到店面总面积的30%左右，商城店、商业区店和社区店应为20%左右，卖场店控制在10%以下
	位置	紧邻主机展区
	展示方式	开放式展架，分成若干区域，配有挂钩或展示架，陈列部分实物，下设橱柜，可以存放部分配件
	展架高度	80~150厘米，便于用户站立或坐吧台椅进行产品体验
	材质	环保材质
	展架色调	浅色调，但不能是透明的
宣传品展示区	面积	位置和面积不定，根据宣传资料的情况合理布局，主要利用橱窗、店门和门前的区域
	家具	摆放小桌子用于放置产品资料、传单、礼品等
用户洽谈休闲区	面积	一般占总面积的10%~20%，10~20平方米
	家具	小圆桌为主，配备单人沙发或舒适的靠背椅
	设施设备	茶具、报刊架、饮水机、小冰箱等
	用户私密性	考虑部分高端用户对私密性的要求，可以配置环形的高背椅形成半封闭空间
	色调	暖色调
技术服务区	面积	一般占总面积的20%，20平方米左右
	家具	工作台、工作椅、用户座椅
	设施设备	根据需要添置
	色调	暖色调
收银区	面积	一般2~3平方米
	家具	收银台、工作椅
	设备	电脑、条码扫描仪、收款机等
其他	预算	一般平均每平方米2000元左右，含家具、设备
	公司资质	有店面装修经验的专业公司
	工期	一般2个月以内

目前，3C 产品专卖店的装修风格开始走向多样化，比如：索尼以黑色为主，大气稳重；戴尔以红白相间的风格涉足店面销售；苹果推出原木色店面，引领时尚潮流，尤其值得学习借鉴；联想开出多家白色的自营店；惠普由蓝色改为绿色和橙色，店面中的宣传品主要呈现艳丽的色彩；ThinkPad 则推出了黑色风格的体验中心。

公司想体现什么意境，需要考虑清楚，并在实践中逐步形成自己独特的装修风格。关键是，要让用户记住您的公司，而不单单是您代理的产品。

4.店面软环境

店面是用户、产品和员工的交汇点，也是提升用户体验的最佳地点。良好的店面氛围是改善用户体验的关键，而氛围主要由店面硬环境和店面软环境两个方面营造。店面硬环境主要由选址和装修来决定，一旦确定下来就很难改变，而店面软环境由于涉及内容多，需要随需应变，因而非常复杂，是店面管理的核心，也是店长需要关注的重点。

店面软环境的营造是一项长期而细致的活，保持一天容易，保持一周也不难，但保持一个月甚至一年就着实不易了。公司应该设定明确的标准和要求，并安排专人

(需要是一个零售管理的专家,这样才能发现店面深层次的问题,并给以指导)定期进行巡检,纳入考核,抓好落实和坚持。开始执行时检查频率要高,比如一周一次,随着店面管理水平的提升,可以逐步减少检查次数,变为两周一次,一月一次,但至少要保证一月一次。最好是没有任何征兆的突击检查,以便店长随时保持警惕。检查结果要排名、公布,并且和店面的奖罚挂钩。

下面的店面软环境评估表既是检查人员打分的依据,也是店长实施管理和进行自查的指南。

指标类型	指标项	指标要求
环境营造	门面整洁程度	整洁
	夜晚店招牌灯光	鲜明、引人注目
	外部整体观感	大气、时尚
	室内光线	适中
	气味	舒适又独特的气味
	背景音乐	柔和舒缓
卫生保洁	招牌	干净整洁
	地面	干净整洁
	门窗	干净整洁
	墙壁	干净整洁
	天花板	干净整洁
	展台	干净整洁,桌面和底部不能有灰尘
	展架	干净整洁
	桌椅	干净整洁
	产品	干净整洁,不能有指纹
	仓库	干净整洁
	其他设施设备	干净整洁

续表

指标类型	指标项	指标要求
人员	人数安排	保证高峰时段每个用户都有人员接待
	着装	规范整齐,不必统一服装或做明显标记,让店外路人看着像用户,但店内用户能知道有问题该找谁
	个人卫生	干净整洁
	精神面貌	健康向上
	行为规范	符合公司管理规范的相关规定
	业务知识	丰富
	销售技巧	娴熟
产品组合陈列	产品组合	同一主机的相关配件摆放在一起,便于用户选择
	样机演示	用户可以方便、全面地体验产品
	产品陈列	美观、整齐、便捷
	产品补给	及时高效
促销手段	产品介绍资料	齐全、便于取阅
	海报彩页	醒目、有感染力
	卖点广告(POP)	醒目、有感染力

营造软环境的目的在于虏获用户的五种感觉,即触觉、视觉、味觉、嗅觉和听觉,从而形成良好的心理感受,塑造零售商的"感官品牌"。触觉一般可以利用三个方面来营造:首先是店里的桌椅的舒适度,货架的手感;其次是产品试用时给用户的感觉;最后是有些老用户可能与店员有握手、拍肩膀、拥抱等肢体接触。视觉是内容最丰富,也是店里最注重的,一般分为店面视觉、店员视觉和产品视觉等。味觉在3C产品零售店中不好把握,能做的也就是端茶倒水、赠送水果和饮料等。嗅觉往往被忽视,但做得好可以产生巨大的效用,一般也分为店面气味、店员气味和产品气味三个方面。听觉已经被充分重视,可以通过播放背景音乐、音箱耳机等产品的试听等来营造氛围,另外用户的言谈举止也会对其他用户产生影响。对3C产品零售店的"感官品牌"营造总结如下图所示:

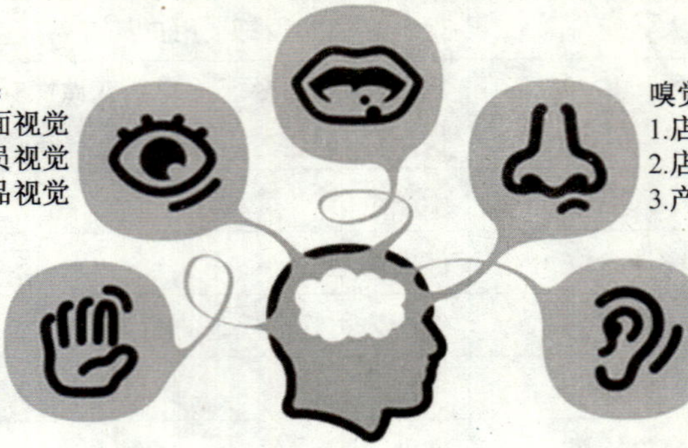

目前，一般实体店比较注重的是视觉和听觉，相对较弱的是触觉和味觉，最不在意的是嗅觉。其实，这是实体店反击电商的利器，因为电商能抓住的也就是视觉和听觉，其他三个目前都无法顾及。下面我们就以嗅觉为例，详细讲一讲怎么利用这个感觉来营造良好的用户体验。

很多世界一流企业对于用户嗅觉的利用已经做得非常到位，下面我们来看几个案例。

卡夫食品在《人物》杂志刊登了一整页广告，广告呈现了一个草莓奶酪蛋糕的图片。经摩擦后，图片会散发出这种食品的香甜味道。此外，肉桂咖啡、樱桃 Jell-O 以及白巧克力的味道也将在不同的广告中呈现。气味的应用并没有局限于广告中，一篇文章配有热巧克力及撒了糖屑的曲奇饼干等食物的图片，这些图片经摩擦后也会散发出香甜的味道。

新加坡嘉华电影院安装了散发香味的电子装置，影片《查理和巧克力工厂》放映时，放映厅内弥漫着浓郁的巧克力香气。其结果是多数观众选择到嘉华电影院来观看这部电影，更重要的是，许多人看完电影后立即产生吃巧克力的冲动。

当乘客步入英国航空的头等舱以及纽约肯尼迪机场和伦敦希思罗机场的头等舱候机室时，最先引起他们注意的就是一种独特的气味，这是一种叫作 Meadowgrass（牧草）的芳香剂所散发的。航空公司在定期航线上往空中喷洒这种芳香剂，以加强公司在其最有价值顾客群中的品牌形象。这种区别于视觉以及体验的感官新体验别树一帜，营销效果很好。

索尼爱立信除以出色的外观设计吸引消费者外，更在气味营销上大下功夫，率先推出一款使用时会发出淡淡清香让人闻了可以平静的新款手机。

在北欧超市里，新鲜出炉的面包被放于商场入口处，天花板上有专门设计的通气口传递出面包的香味。这使面包的销售量有很大提高。

在巴黎的香榭丽舍大街上经常会缓缓驶过一辆嗅觉流动车，汽车驶过之处弥漫着浓郁的咖啡香，“咖啡之家”的品牌也因此美名远扬。

英国高档衬衫零售商托马斯·彼克耐心地研制一种个性化气味，他在纽约、旧金山、波士顿和圣弗朗西斯科新开的商店中放置传味器，当顾客经过时，传味器就会散发一种新鲜的、经过清洗的棉花味道。这种味觉享受让人迅速有了价值联想。

英国牛津大学的研究显示，人会把气味与特定的经验或物品联想在一起。该校心理学家让参与者分别吸入新的且能辨认出来的气味，并扫描受测试者脑部，记录不同气味引发的脑部反应。相关的研究也表明，人的大脑中负责处理嗅觉的神经与主管情绪控制的中枢神经紧密相连，因此，气味会强烈影响人的情绪。而且，嗅觉记忆比视觉记忆要可靠得多：人们回想一年前的气味准确度为65%，而回忆三个月前看过的照片，准确度仅为50%。味道、气味牵动着人的情绪与记忆，味道有如一只温柔的手，触动消费者的心弦，让消费者身临其境，感受大自然清新、诱人的美食，安宁放松的舒缓，自然便对其购买行为产生了影响。

上述内容引自 http://wiki.mbalib.com/wiki/ MBA 智库百科——气味营销

我们说过，嗅觉一般包括店面气味、店员气味和产品气味三个方面。当然，期望3C产品自己发出诱人的香味，或者想着在产品上撒上香水的做法有点极端，我们不推荐，但在店面气味和店员气味上还是大有文章可做的，简单点说就是店里用空气清新剂，店员用香水。具体点说，有这样几个原则：

• 一定要经过多次的试验之后选择一种最适合你的主要用户群体（每个店的主要用户群是不一样的，这个大家都清楚）的气味。

• 一旦选定了之后就要一直坚持使用这种气味。

• 这种气味应该是用户隐隐约约感觉到的，而不是一进店就扑面而来的。

• 所有的女店员统一使用一种香水，男店员统一使用一种香水，男女店员的香水和店面的空气清新剂气味要和谐，共同营造出一种让人难忘的气味。

气味营销到底能起到多大作用，没法用数值衡量，你就想想自己有多少次是冲着星巴克的香味而去他们店的,就明白了。

下面再讲讲店面软环境营造的另外一个非常重要的方面:产品陈列。顾名思义,产品陈列就是店里的产品该怎么摆放,怎么展示。这是一般店面都会关注的问题,但是你真的研究透了吗?

关于产品陈列的通常理解就是把产品摆得漂亮一些,更能抓住用户的眼球。其实产品陈列应该从以下三个方面来考虑:

第一,产品陈列的目的是让用户到店之后,在店员关注不到或关注不够的情况下,产品本身可以引导用户去体验甚至购买,也就是"产品自身会说话",让用户产生浓厚的兴趣,为后面的销售做好铺垫。因此,要确保用户可以方便地接触产品,不能把产品摆在玻璃橱窗里面还加上锁;样机要保持在开机状态,保持电量充足,不能让用户半天开不了机,或者玩一下就没电了;主机里面的应用要考虑主要用户群的兴趣点,比如可以让孩子很快进入游戏,可以让股民用户一上来就了解大盘,可以让球迷朋友看到正在直播的球赛等。有些店面的笔记本样机被拴在桌子上,还用保鲜膜裹起来,让用户感觉拒人于千里之外,这样是勾不起用户的购买欲望的。

第二,产品陈列要营造一种氛围和场景。比如把 iPhone、投影仪和蓝牙音箱摆放在一起,形成一个家庭影院的场景,可以勾起用户对一系列产品的兴趣。再比如暑假将尽的时候更多地摆放适合学生的产品和宣传品,来一个定向促销,都是在营造氛围和场景。这个场景可能是用户一来就可以马上进入的,也可能是店员逐步引导用户进入的。因此,要设想好什么样的用户我们会给他展示什么样的场景,为了这个场景的需要,应该提前准备好哪些产品,摆放在哪里,处于什么状态,一旦需要的时候可以马上发挥作用。

第三,要考虑总体的分区和局部的细节。比如,一般的店里总是把同类的产品摆放在一起,这一片是笔记本,那一片是贴膜,那一片是音箱等,这样看似很清爽,但实际上不利于用户的选购和店员的推销。因为用户买完手机后,你带他到贴膜区找半天,找到一款合适的膜,再带他到保护壳区,找一款合适的壳,想再领他到音箱区去看看,用户早就不耐烦了。因此,更合理的分区方式是把关联的产品放在一起,让用户不需反复走动就可以体验到一连串的相关产品。而这种相关性往往是由一款主机产生的,比如你把适合 iPhone 6s 的膜、壳、连接线、充电器、移动电源、耳机、音箱等都放在一起，一位拿着 iPhone 6s 手机的用户就可以在这里流连忘返了。当然，你在一个区域中不能只放一款贴膜，一个皮套，那用户再喜欢也很难做出购买的决策，因为他没有找到“货比三家”的感觉。所以，应该至少同时摆放高、中、低三款类似产品供用户选择。

◆温馨的书店

◆温馨的咖啡店

◆温馨的家具店

当然，店面软环境的营造主要还是看人，也就是店员的形象、能力、素质以及与用户之间的关系所形成的“人文”环境。其核心诉求是让用户感觉舒服，愿意多待一会。为什么一定要让用户多待一会呢？一是增加销售机会。他只要在你这里，你就有机会销售产品或提供服务，一旦走了你就鞭长莫及了。二是增加店面的人气。你到一个陌生的城市，想找一家饭馆吃饭，你是愿意在一个排长龙的店里跟着别人排队，还是愿意到一家服务员一大堆，都在那里坐着聊天、玩手机，但一个客人也没有的店？人同此心，店同此理，你的店里用户越多，越容易招来更多的用户，这就是所谓的马太效应。三是锻炼店里的员工，客人多，每个店员都得忙活起来，要应对各种各样的局面和问题。店员就是在每天的忙忙碌碌中培养能力、提升士气的，天天那么傻站着，不久就烦了，或者废了，或者想要搞点什么乱七八糟的事出来了。

想让用户待在店里，有很多招数，除了环境好之外，销售人员的水平也很重要。比如请用户坐下来，别光站着，当然这就要求店里得有让用户舒服地坐着的地方和设施。想让用户坐下，其实并不容易，如果店员只是说您请坐，用户坐下的概率并不高，如果店员先走到椅子后面把椅子摆好一点，然后打个手势请用户就座，用户坐下的概率就会高很多。再比如请用户喝水（最好是茶或饮料），你倒一杯水放在用户身边，不说话就离开了，用户喝的概率较低，你再打一个手势，说一句您请喝水，用户喝的概率就会高很多。再比如销售的过程不能简单粗暴，一上来就跟用户讨价还价，那过不了多久，不管成交还是不成交，用户就走了。你应该慢慢给用户讲“故事”，拉长销售过程，让成交水到渠成，用户的满意度会高很多，愿意出的价钱也高很多。再比如完成销售一定要给用户提供一些免费的服务，装软件、做设置、讲解注意事项等。这样同样可以延长用户在店时间，也就增加了销售机会和广告效果。从上面这些例子中可以看出，关键在于细节，你比别人多想那么一点点，多做那么一点点，你就可能更成功。

三、日常管理

零售管理是一个精细活，需要付出很多时间和精力。目前，3C 产品实体零售圈里很多公司倒闭，很多店面关门，这与老板不懂零售，甚至不去管理有很大的关系。很多苹果店、联想店的老板不是做零售出身的，没有在一线打拼过。他们可能炒股、炒房赚了一笔钱，前几年看到苹果产品这么火就开了几家店，找上几个伙计看着，自己很少到店里去，去了也发现不了问题。苹果真火的那些年店面真的赚钱了，但在互联网时代，实体零售和电商孰优孰劣、孰胜孰负还真是实体零售店老板应该认真考虑的问题。

零售管理最有效的手段是例报和例会。例报就是日报、周报和月报，例会就是晨会和周会。赶上周会到月底了就谈谈整月的情况，到季末了就谈谈整季的情况，到年底了就谈谈整年的情况。

日报、周报和月报都是店长来写，交给总监或老板看。

日报是每天销售工作结束之后，店长用短信、邮件等方式将今天的销售情况做个总体汇报。内容包括总销售额、总毛利、总毛利率，以及主力产品的销量、毛利和单机毛利。领导看了之后就会明白今天公司总体销售情况如何，各店表现情况如何，销售趋势如何等。表现好的及时表扬，发现问题及时解决。

周报的内容除了日报的那几个指标外，可以增加当月毛利任务完成情况、每个员工的当周毛利、员工月度任务完成率，以及主力配件的配比率。所谓配比率就是每销售 100 台主机，能同期销售多少个配件。这是一项非常重要的指标。因为配件的毛利往往是店面毛利的主要组成部分，而配件的销售有赖于主机销售的带动，将两者结合起来考察，会发现很多问题。表现出色的店面基本都是高端配件销售能力强的店面。

月报的数据项和周报完全相同，之所以要再报一次是因为周和月不能完全对应，有的周会跨两个月，而月度数据是最关键的，也是销售人员考核的基数，所以需要单独填报。

如果能够采用专门的应用系统来管理例报，那就更一目了然。也许店长会说，这些数据在进销存系统中都有啊，干吗让我重新再填一遍？再填一遍的目的是让店长在填写的同时自己能够找出问题，并及时采取措施解决问题。系统可以自动给出参考数据，比如过去30天的平均毛利，过去4周的平均毛利率，过去3个月的平均销售额以及去年同月的销售额等。用数据来说话是最有力的。

晨会一般每周2~5次，每次20分钟左右，由店长主持，全体店员参加，在店面正式开门营业之前进行。新店面、问题较多的店面可以多开几次，管理上了台阶之后逐步减少晨会的数量，但每周初和周末的两次晨会一定要坚持。店面销售是一项既枯燥压力又大的职业，一般人难以长久保持昂扬的斗志。晨会就是一天辛苦工作的冲锋号，也是让大家从休息状态转变为工作状态的分水岭，同时可以起到训练员工的作用，是店长不可多得、又不可不得的管理手段。

晨会不能简单喊喊口号或做做操就完事了，主要内容包括数据分析、经验分享与模拟演练、任务部署和销售动员等方面。这本质上是一个PDCA[PDCA是英语单词Plan(计划)、Do(执行)、Check(检查)和Act(行动)的第一个字母]的小循环：通过数据分析发现问题，通过经验分享与模拟演练解决问题，通过任务部署和销售动员开启一场新的战役，之后再总结和提升，持续改善下去。当然不要求大家在20分钟的时间内面面俱到，可以根据店里的实际需要选择本次晨会的主要内容。

数据分析部分主要分析店面总体业绩完成情况、关键产品和关键员工的销售数据，以及新产品销售预期。通过分析快速定位存在的问题，提出解决办法。店面总体业绩完成情况包括店面的总销售额、总毛利、任务完成率、总毛利率等指标。关键产品部分说明本期关键产品是什么，业绩如何，准备怎么提升销量；关键员工部分介绍本期关键员工是谁，存在什么问题，怎么促使他/她进步。这里插一句，关键产品一般是毛利较高的配件产品，关注它能大幅提高单一产品毛利，并促进其他产品销售。关键员工是指受到关注后可以大幅提升业绩或给整个团队带来好的影响的员工。一般一段时期内应有不多于3位关键员工需要店长的重点关注。可见关键产品往往不是店里卖得最好的产品，关键员工往往也不是店里表现最好的员工，主要看其成长性。新产品销售预期要说明目前主推的新产品是什么，目标如何，有何行动计划。

经验分享与模拟演练是两个常用的管理手段，就是让表现优异的人员进行经验分享，树立大家学习的榜样，让暂时落后的人在薄弱之处加强训练，模拟销售实景，不断进行强化，直至完全掌握某项技能。经验分享与模拟演练部分重点关注三点，即店面销售流程、关键产品销售技巧和用户服务。店面销售流程就是后面第六部分所讲的 8 个环节，每次晨会关注其中一个环节就可以了，请这个环节做得好的同事介绍经验，做得差的同事现场演练，可以让其他同事模仿用户来配合他。销售关键产品要注意明确需求、做好铺垫、选好时机、提炼卖点。用户服务部分要重点做好用户服务流程和方法、售前/售中/售后服务、存在异议的用户应对、投诉用户应对、上门服务等工作。每次晨会关注其中的一项内容。

任务部署和销售动员部分包括本周重点工作及主力产品分工、主力产品趋势与竞争态势分析、本周促销活动及奖励计划、员工承诺本周个人目标等内容。如果还有其他重要事项，可以根据需要进行补充。

除了发现和解决问题，安排下一步工作之外，晨会还应该起到鼓舞士气的作用，可以考虑喊一喊口号，或者举行一个简单的小仪式。当然最重要的还是店长带给大家的信心和决心。

晨会涉及的内容很广，而时间又很短。因此，要开好一次晨会并不容易，需要店长在会前做好充分的准备。比如需要某员工在会上进行经验分享，店长要提前告诉该员工进行准备，甚至请该员工试讲一遍，这样就可以保证不浪费所有店员的时间。

下图给出了一个晨会的完整记录：

2015年12月第4周

21日—27日

数据分析 | 经验分享与模拟演练 | 销售动员与任务部署 | 其它

	会前策划	会议纪要
总体业绩完成情况	截止到2015年12月20号，杭州店面完成销售额498652，销售毛利68314，毛利率13.70%，团队销售业绩排行廖巧14655，彭贤坤13138，廖健12748，江南10158永锋10066，黄崇权7290；上周业绩毛利23468，业绩排行廖巧6590，杨永锋4607，廖健4500，彭贤坤2840，江南2797，黄崇权1974；	上周业绩同比第二周下滑3毛，主要体现在cpu的销量上，上周cpu销量一台，同比有一个4毛业绩的下滑；
关键产品	JBL，beats，双卡，投影	1.结合圣诞节和元旦，做一个高端配件的主题活动，针对店面vip客户发起微信朋友圈的大力宣传，整合团队的力量，做好前期的宣传，后期的回访工作；2.店内做一张大的圣诞海报，展现活动主要内容；
关键员工	江南	除了关注个人业绩的提高，加强对三大主力配件的销售认知，特别是小雏双卡的常态销售；
新产品销售预期	坚果；首先结合我们的双旦活动，通过大力度的优惠和强有力的宣传，邀请我们的老客户回店体验产品；其次，通过朋友圈分享产品的形式，慢慢的把这款产品的使用体验灌输给我们的客户，让他们充分认知这款产品；	

2015年12月第4周

21日—27日

数据分析	经验分享与模拟演练	销售动员与任务部署	其它

	会前策划	会议纪要
客户接待流程 ?	做好团队的配合工作；	辅助销售配合我们的销售做好倒水，拿凳子和讲解客户困惑，一方面提高销售满意度，第二点让主力销售可以更好的做好产品的关联销售，更好的掌控销售节奏；
关键产品销售技巧 ?	贴膜服务卡	充分运用贴膜服务卡销售四部曲；
客户服务 ?	继续强化服务细节，细节决定成败	同事之间互相帮助，通过辅助我们的主力销售，做好细节服务工作，让客户感受我们的专业和热情；

2015年12月第4周

21日—27日

数据分析	经验分享与模拟演练	销售动员与任务部署	其它

	会前策划	会议纪要
本周重点工作重点产品分工	重心依旧时12月份销售精英大赛，关注自己的业绩和三大主力配件，店长每天群里分享当日销售进度，鼓励员工并给予建议和分享；	结合圣诞节活动，做好宣传和策划工作，最后统一一个方案，严格执行下去；
主力产品趋势竞争态势分析	移动电源	1.移动电源作为除了壳膜之外最重要的一款主力配件，活动期间全部八折，结合主机销售；
本周促销活动及奖励计划	结合圣诞和元旦，做一个为期十天的促销活动，面对所有进店的客户群体，高端配件主要针对店内vip老客户；	1.高端配件板块投影和jbl作为活动的主力产品，jbl三款音箱优惠300-600元；投影g1s优惠400元，p1优惠200元；2主机板块iphone优惠200-400元，cpu根据优惠300-600元；3.优惠力度的同时，一定要结合我们的配件，做好产品的搭售工作，给予员工足够的自主空间，为客户搭售一套适合客户的产品组合；
员工承诺本周个人目标	下周业绩目标30000，双卡10张，蓝牙音箱5台，投影3个；	业绩板块：杨永锋5000，双卡3张，彭贤坤5000，双卡3张，廖巧5000，双卡3张，江南6000，黄崇权6000，双卡4张，廖健6000；双卡4张；

周会是对店长例行的检阅，一般每周一次，参加人员包括老板、总监和公司所有的店长。周会主要进行数据分析、工作安排和经验交流。除了店面总体情况，数据分析主要集中研究两个方面：关键产品和关键员工。这些重点数据的变化趋势不仅能非常清晰地显示店面工作的扎实程度，而且可以帮助管理者找到问题的根源，尽快调整策略。店长和产品经理（主要负责产品采购、供应商的关系维护）是公司的骨干力量，数据分析和产品专题会可以锻炼他们的逻辑思维能力和个人展示能力，有助于提高他们的管理水平，以承担起更大的责任。

公司总体的年度任务目标要分解到每个月、每个店面，店面的月度目标又要细分到每周、每位员工，员工的周目标又要再细分到每一天来达成。所以管理到位的店面需要有日报、周报、月总结、季总结。日常的监督交由店长以晨会的方式进行，公司则通过周例会确保总体业绩的达成。因为每周都要面对老板汇报店面的业绩，所以店长才有足够的压力。当然，周例会不单单是业绩的汇报，其内容应该根据公司当前的主要工作进行调整，可以进行店面间的经验分享，可以安排公司总体的促销计划，可以对每个店面的关键员工和关键产品进行分析，会上主要用数据说话，让店长养成看数、分析数的习惯，这些都是极其重要的。

根据需要，周会可以邀请部分店员参加，尤其是作为预备店长培养的员工，让他们尽快对管理工作有概念，帮助他们完成从个人做业绩到带领团队做业绩的转变。

晨会和周会中的数据分析主要有以下目的：

• 随时掌握零售企业当前及之前的关键数据，并可以方便地查询。

• 对比不同店面、不同产品、不同人员，或同一店面、同一产品、同一人员在不同时期的销售情况，发现存在的问题及原因，并制定相应的应对措施。

• 预测产品未来的销售趋势，及时调整采购、定价和产品组合策略。

• 知道零售企业的赢利和成长性用户、供应商、产品在哪里。

• 在保持销量的同时，调整您的用户、产品结构，针对不同的用户群采用不同的市场策略。

• 量化促销和销售的关系，对促销进行有效管理。

• 有效跟踪竞争对手的动态，适时调整销售政策。

• 分析用户购买习惯，合理调整产品布局和展示方式。

• 了解零售企业销售管理人员和采购人员的行为模式，适时调整人员结构，提升人力资源效率。

• 跟踪零售企业的工作进程和结果分析，全面改善零售企业的工作。

四、产品整合

首先，我们要明确关于产品的几个概念，即市面产品、在店产品、主力产品和关键产品。顾名思义，市面产品就是全世界所有的产品；在店产品就是您采购来准备卖掉的那些产品，一般有上千种；主力产品就是您店里主要产生销量和毛利的产品，肯定是您的关注重点，一般有二三十种；关键产品就是您只要关注它，就可能在短期内产生巨大销量提升的产品，关键的东西往往就是一两个，但只要你能抓住，那你们店的业绩就会不断上升。

一个店面中销售的产品种类大概为多少比较合适？这个要根据店面的具体情况，多了会造成资金积压、浪费过多的仓库和展柜；少了无法对用户产生足够的吸引力。产品选型就是确定店面应该购进哪些产品，产品组合就是确定已经购进的产品哪些可作为主力产品、关键产品去推。

产品选型包括主机产品选型和配件产品选型，这两种选型又分别分为供货商选择和产品选择两个步骤。主机产品选型的供货商和产品选择虽然很重要，但由于受多种条件制约，店面选择的余地不大，选定以后也很难更换，因而不作为考虑重点。配件产品选型的供货商众多，产品种类和型号数量庞大，而且往往是店面毛利的决定因素，因此是产品选型的重点。

配件产品选型的原则是：

• 配件大类不能缺。常见的配件种类包括保护类、功能类、存储类、音频类、软件类、服务产品等，比如 iPhone 的配件有音箱、贴膜和皮套、耳机、移动电源、路由器、充电器、线缆等。每个大类至少选择两种产品，一般不超过 5 种产品。每类配件选择 2~3 家供货商，不要只选一家，避免不必要的风险。

• 首选知名品牌的畅销品。比如音箱，应该选择 5 种知名品牌中销量最高的产品，可以从产品的总代理那里得到销量数据。

• 选择用户需要的特色产品。该产品用户的确需要，但市面上又很少找得到。

• 一般从某类产品的分销商而不是厂商或总代理那里进货，因为分销商一般主营某类产品的多个品牌，加价不多，可以一次性配齐该大类所需的各种配件。

• 如果紧邻竞争对手的店面，一般不要选择和对方完全相同的配件，以免陷入价格战。

• 一般选择20种左右的配件产品作为店面的主力产品，其他产品作为采购的选择，由店长灵活决定。

◆配件墙

上述原则大部分都非常好理解，只是"选择用户需要的特色产品"这一条需要单独解释一下。我们举个例子来说吧：山东有个索尼零售商，前段时间做促销，从厂家拿到一款笔记本电脑的支座，是非卖品，买笔记本时赠送给用户，促销效果很好。活动结束后，厂家不再提供这种支座，老板感觉用户对此有需求，就自己设计，找木工制作了几百个木质支座，成本20元左右，40元卖，结果很快销售一空。这种支座就是用户需要的特色产品。

依据上述原则，我们可以这样设计产品选型的流程：

第一步：信息收集。设立专职的产品经理，通过厂商、代理商广告、专业媒体、相关网站等渠道尽可能多地了解产品信息，尤其是新产品的信息。如果你都不了解有这款产品，更谈不上通过它赚钱了。

第二步：初步筛选。有了足够的产品信息，就需要从中选出真正适合我们店面销售的产品，选择标准就是正规厂商的优质产品，或者满足用户要求的特色产品。

第三步:销量调查。通过初选的产品要考察其目前在市面上的实际销售情况。方法包括:①供应商数据:请供应商提供他们经营的产品每个月的出货量;②市场占有率调查:调查 10 家不同类型具有代表性的店面,看产品上架(摆上货架)、出样(作为样机)和销售情况。别人卖得好的东西虽说不一定你也能卖得好,但至少说明客人是有需求的,只要你有办法,肯努力,也是可以做到的;别人卖得不好的东西虽说不一定你就卖得不好,但也千万别指望你就一定能卖得多么好。除非你能搞清楚别人卖得不好的瓶颈,并有能力打破它。

第四步:深度考察。主要看产品生命力、毛利率、供货商支持等要素。生命力强的产品一般是大厂商的主力产品。如果你卖两天,厂家就不存在了,或者那个产品就停产了,那你很难指望靠它赚钱。主机产品的毛利率应该在 10%以上,配件产品的毛利率应该在 20%以上。如果厂家不能做到充分让利给渠道,或者你太弱,享受不到其他同行可以享受的进价,那它就不是该你赚的钱。供货商能提供什么样的支持也是很要命的。比如广告宣传、销售培训、售后服务等,这些都是关乎产品赚钱能力的重要指标。

第五步:店面试销。经过前面四步,还能留在你的选型列表中的产品应该不多了。这个时候,单价不是太高的产品就可以直接进货了,单价较高,或者你还不是太放心的产品,可以进行大概一个月的试销,效果好就大量购进,一般就少进几个,较差就放弃。试销时供应商能铺货那当然最好,实在不行就只能自掏腰包了,反正试销进货也不多,总比一下就进几百上千件产品对垫资的压力要小一些。

虽然经过严格选型,但购进的产品种类还是会非常多,因为产品丰富是吸引用户的一个重要手段。对这么多的产品,必须实行分级管理,找出用户最喜欢的,或能够给公司带来最大价值的产品进行重点推介。我们建议至少将在店产品分成关键产品、主力产品和一般产品三个级别。关键产品一般只有 1~2 个,是在一定时期内全公司所有店面都必须全力以赴去推广的产品,周期一般最短一个月,最长一个季度,到期之后就重新评估,更换关键产品。主力产品则需要根据各个店面的特点进行选择,每个店面会产生不同的主力产品组合,这与店面所在的城市、商圈、主要用户群等因素有关。下面给出几个参考意见:

- 对每款主机选择 6 款左右的配件作为主力产品。

• 选择主力产品配件的依据是产品选型的分析结果和实际销售的数据。

• 针对每款主力产品依据“追求幸福、脱离痛苦”的原则提炼卖点。

• 对卖点进行充分演练，让每个销售人员都熟练掌握。

• 每月确定 1~2 款产品作为关键产品，通过各种手段促进关键产品的销售。

• 将产品按销量进行排名，通过广告牌展示给用户，激发用户的购买欲望，可以把自己主推的产品放到排行榜的适当位置。

• 定期（一般每周一次）分析每种产品的销售情况，对销量和毛利进行排序，找出明星产品和滞销产品，对明星产品进行销售经验交流，对滞销产品分析其存在的问题，提出改进措施。

选定了主力产品和关键产品，下面就是要如何去销售的问题。虽然主力产品种类不是很多，但要想全部掌握它们的销售技巧还是很困难的，因此要让店员有所侧重。有些人重点销售主机，有些人重点销售蓝牙耳机和蓝牙音箱，有些人重点销售移动电源和移动硬盘等，同一个用户也应该由不同的人员组成一个团队去接待，这样成功的概率会大很多，也可以形成销售人员互相帮助、互相促进，而不是互相争夺用户的局面。至于关键产品，由于其毛利较高，销售难度往往较大，因此不是每个店员都能卖得了的，你可以通过评估和考核，指定由那些具备关键产品销售能力的人员去销售，剥夺另外一些人销售关键产品的权利。这样做一是可以提升关键产品的销售成功率，二是可以刺激能力低的销售人员，让他们暗下苦功，迎头赶上。

五、员工招募与训练

谷歌的《重新定义企业》和《重新定义团队》这两本书都指出了“招聘是领导者第一要务”这个重要理念。其中谷歌人才官拉斯洛博克所著的《重新定义团队》是笔者迄今为止看过的最棒的一本人力资源著作,其价值远超商学院所有人力资源的教材之和。强烈推荐正在阅读本书的小伙伴们也去看看那本书。

在这里,我们怀着无比崇敬的心情将该书的主要观点摘录如下:

1.招聘是最重要的事。

2.招聘是每个人的事。

3.多种渠道建立公司储备人才库,当有人才需求时可以随时调用。

4.详细地定义你要寻找的人才的标准(必须是个高标准),这样才能准确地找到他们。

5.考察人才的主要途径:工作样本测试29%、一般认知能力测试26%、结构化面试26%、非结构化面试14%、背景调查7%、工作年限数据3%(笔迹学等略过)。

6.应该将基于过往行为和假设场景的结构化面试与认知能力评估、责任心测试和领导能力测试结合在一起。

7.最好的招聘方法是内部员工推荐,通用的招聘网站一般不管用。

8.招聘流程:简历专家审查简历→专业人员电话或视频远程面试→未来共事者面试→跨职能面试→写应聘者反馈意见,参考“后门”信息(即内部员工提供的信息)→招聘委员会审核→高管审核→老板审核。

9.4 次面试最佳,不要超过 5 次,每次面试 30 分钟。面试官给应聘者打分,1 分到 5 分,不能打中间分。

10.客观地评估应聘者,要努力摒弃面试过程中的第一印象法则:前 10 秒,形成第一印象;前 5 分钟,加深第一印象;整个面试,证明第一印象。

11.建立面试题库,根据不同岗位设计题目。

12.考察内容:一般认知能力、领导力、学习能力、文化认同(如快乐、激情、谦虚、责任心、接受不确定性等)、工作相关知识。

13.不能由某个人决定录用谁,哪怕他是老板。要成立招聘委员会,由熟悉该岗位的人面试,让下属和同僚参加面试,并且对他们的意见取相同的权重。

14.要聘用某些特定方面(肯定是你们公司需要的那些方面)比你更强的人。

15.基本素质的重要性远大于工作经验,工作经验的重要性远大于学历和成绩。

16.最好的人才往往不出自最好的大学或最好的公司。

17.给人才足够的加入理由。

18.谷歌决定录用一个人的平均时间为 47 天,这个您看着办,根据中国国情适当少一点也没有问题。

不要认为人家是谷歌,才可以这么干,我们搞零售的不适合。书中也一直强调这是适合所有组织的用人原则。

人员招募必须由一把手亲自抓。新人就像种子,种子的质量直接决定未来的收成。零售企业之间的竞争归根结底是用户服务水平的竞争,而用户服务水平集中体现在基层员工身上。一位不符合企业需要的员工不但会在招聘、培训、考核等项工作中浪费公司的资源,而且还会带坏一批员工,伤害一批用户,其恶劣影响不可低估。而一位忠诚敬业的员工则会起到异乎寻常的正向作用。因此,必须在人员招募问题上慎之又慎。

招聘如同营销,老板亲自出面会对新人产生积极的影响,也可以现场斟酌新人的质量,避免不适合的员工混到公司内部。在考察新人的各项条件中,优秀的企业更注重新人的学习能力和责任感而不是资历和经验,甚至拒绝使用经验丰富的员工,宁可自己从头培养。零售企业基层员工的流动率一直高居各行业前列,达到 20%~40%,3C 产品零售企业尤其如此。由于新人进入公司的前三个月是磨合期,随时都有可能离开,因此有些企业通过增加招聘数量的方式达到有人可用的目的,但也因此让部分不合格的人员混入公司。这种不加区隔，先招进来，不行再辞掉的招聘思路遗毒极深，必须警觉。

◆招聘如营销，招聘似战场

由于受过太多伤害，很多零售店老板认为过于优秀的员工通常都无法留下来，因此不愿意在这类人身上浪费太多时间。比如一般公司不敢，或者不愿意要本科毕业生，认为他们眼高手低、心浮气躁，很难留得住。殊不知现在的本科生已经远没有从前那么牛气，只要有足够好的待遇和发展机会，他们就会留下来并且成为团队的主力。

企业组织并不是因为有了个别优秀人才就会发展，全体员工结构的平衡是非常关键的。零售企业的人员素质是决定企业竞争力的核心因素。一棵大树加一堆灌木的团队，或者一头狮子带领一群绵羊的团队都不是战斗力强的团队，你需要大量忠诚的员工奋战在一线，更需要一批卓越的骨干撑起大业的脊梁。人才留不住，不是人才的错，该你好好反省一下了。

下面谈谈招聘的过程。

1.招聘准备

(1)确定招聘类型：店长、店员、库管、收银员等。

(2)确定数量、性别、年龄、学历等基本条件。

(3)确定岗位需求：不同岗位列出常规需求供选择和修改。

(4)根据上述条件通过模板生成招聘广告：制作招聘广告模板，将上述信息载入招聘广告模板，生成广告初稿，再由人力资源人员进行修改后发布。

(5)确定招聘渠道：主要有网上招聘、现场招聘、人才市场、朋友推荐四个渠道，其中人才市场是零售人员的主要招聘渠道。

(6)收集应聘人员信息，记入应聘人员表，该表长期保留，录用人员转入员工档案库，未录用人员转入公司外部人力资源库，需要的时候可以再次联络。

招聘准备工作需要注意的是：

• 资料准备：企业介绍要简捷明晰，字体要大，待遇以较大的弹性方式表达。

• 现场宣传：现场气氛的营造是招聘的关键点，通过当场讲解公司的发展方向和实力，并解答应聘者的疑问，可以很好地吸引其他人。要把每一次现场招聘会看作一场战斗来打，你的对手就是其他的招聘企业，目标就是把更多的人才招致麾下。一般至少应该安排三个人到人才市场进行招聘：一人收简历，介绍公司，解答疑问；另外两人在外散发传单，招揽人员，将应聘者带到咱们的桌前。

• 要用销售的方式招揽应聘者，尤其是看到合适的人，绝不要放过。

2.筛选简历

应该录用什么样的人：

• 来自农村、家境贫寒的高校及中专毕业生。

• 气质良好、语言表达能力较强。

• 有责任感和进取心。

• 立志从事零售工作。

• 认同公司的文化和发展战略。

3.面试

面试时老板尽量参加，另有2~3人参与，每位应聘者面试时间15~30分钟。

(1)针对招聘岗位的需求，确定面试题目。

①应届毕业生(暂举几例)。

• 请谈谈自己在学校的收获；

• 谈谈个人对职业生涯的规划；

• 谈谈对零售工作的理解，以及为这项工作做了哪些准备工作。

②有工作经验的人(暂举几例)。

• 谈谈对上一家企业的认识，以及离开的主要原因；

• 简要评估个人能力和业绩；

• 请介绍一下自己的家庭；

• 对公司和工作都有哪些要求？

（2）发布面试通知。

（3）组织面试，记录面试情况。下面给出一个结构化面试的记录表格式：

<table>
<tr><td>姓名</td><td></td><td>性别</td><td></td><td>出生年月</td><td></td></tr>
<tr><td>籍贯</td><td></td><td>家庭状况</td><td colspan="3"></td></tr>
<tr><td>学历</td><td></td><td>毕业学校</td><td></td><td>专业</td><td></td></tr>
<tr><td colspan="6">基本素质：</td></tr>
<tr><td>形象气质</td><td colspan="5">□文雅大方 □整洁干净 □尚可 □较差 □很差</td></tr>
<tr><td>语言表达</td><td colspan="5">□演说家 □得体、流畅 □表达一般 □不善言谈 □无法清晰表意</td></tr>
<tr><td>沟通协调</td><td colspan="5">□社交家 □善于沟通 □可较好沟通 □无法充分沟通 □无法沟通</td></tr>
<tr><td>性格特征</td><td colspan="5">□活泼开朗 □外向乐观 □中等 □内向 □封闭</td></tr>
<tr><td>精神状态</td><td colspan="5">□活力四射 □精力充沛 □一般 □较差 □萎靡不振</td></tr>
<tr><td>主动性</td><td colspan="5">□努力创造机会 □上进心强 □按部就班 □缺乏主动 □严重欠缺</td></tr>
<tr><td>责任感</td><td colspan="5">□有积极责任心 □较有责任心 □需督促 □责任心不强 □严重欠缺</td></tr>
<tr><td>服从性</td><td colspan="5">□彻底贯彻 □循规蹈矩 □服从整体 □勉强执行 □严重欠缺</td></tr>
<tr><td>进取心</td><td colspan="5">□旺盛 □较强 □一般 □较差 □几乎没有</td></tr>
<tr><td>学习态度</td><td colspan="5">□积极主动 □较为积极 □满足现状 □需要督导 □漠视学习</td></tr>
<tr><td>反应能力</td><td colspan="5">□迅速 □较快 □一般 □逻辑不清 □反应迟钝</td></tr>
<tr><td>压力承受</td><td colspan="5">□有效控制并缓解 □有耐心韧劲 □能理智对待压力 □心理准备不足
□消极适应</td></tr>
<tr><td>适应能力</td><td colspan="5">□迅速融入陌生环境 □快速适应 □一般 □融入较慢 □惧怕陌生环境</td></tr>
<tr><td colspan="6">综合评价：</td></tr>
<tr><td colspan="2">对零售事业的热爱程度</td><td colspan="4">□狂热 □较强 □一般 □较差 □几乎没有</td></tr>
<tr><td colspan="2">对公司的了解和认同</td><td colspan="4">□完全认同 □基本认同 □了解 □不太了解 □几乎不了解</td></tr>
<tr><td colspan="2">面试结论</td><td colspan="4">□优秀 □良好 □一般 □较差 □很差</td></tr>
<tr><td colspan="2">是否建议录用</td><td colspan="4">□建议录用 □不建议录用</td></tr>
<tr><td colspan="2">建议待遇</td><td colspan="4"></td></tr>
</table>

(4)面试结果通知。

4.招聘活动总结

招聘活动总结，填写下面的表格：

招聘人数		总体效果	
应聘人数		网上招聘应聘人数	
		现场招聘应聘人数	
		人才市场应聘人数	
		朋友推荐应聘人数	
录用人数		网上招聘录用人数	
		现场招聘录用人数	
		人才市场录用人数	
		朋友推荐录用人数	
经验总结			
教训总结			

下面说说员工训练。虽然我们认同招聘是第一要务的观点，但联系国内实体零售的现实，员工训练的重要性再怎么强调也不过分。让那些未经训练的员工去接待客人，就相当于让一名从未走出大山的农民直接上战场，得罪客人、扰乱同伴、拉低店面整体形象也是必然。训练不是刚入门的时候搞两天，或是一年里面抽空搞那么几天，而是一件贯穿销售工作始终，时时处处在进行的重要工作。就像职业运动员和军人，必须通过夜以继日的艰苦训练才能保持好的竞技状态和军事素养。

一线销售是零售企业的主力军，也是员工训练的主要对象。销售人员可以分成工兵型、猎手型、顾问型三种类型。工兵型销售就是只能通过自己踏踏实实的努力获取用户的好感，比较辛苦地做业绩；猎手型销售就是可以敏锐地发现优质用户，并且施展技巧促成成交；顾问型销售就是不管面对什么样的用户，总能挖掘出用户的真实需求，并且设身处地地为用户着想，推荐给用户最适合的产品组合，不但能赢得订单，更能赢得用户的心，让用户成为回头客。销售人员训练的主要目标就是培养大批的顾问型销售人员。

◆不但要训,更要练

零售企业赚取的利润应该来自服务费,而非产品差价。服务收费高,企业利润也就高。服务费取决于什么呢?取决于员工的服务水平。目前,用户不愿意在实体店花比网店高的价格购买产品,是因为用户没有感受到专业的、有价值的服务,他们对比的只是产品的价格。只有当店员提供的服务能够被用户认可是值得额外收费的时候,实体零售企业才能真正有利润,而且不惧怕电商的竞争。

零售行业的训练主要包括新员工培训、(预备)店长培训和终端训练三个方面。

1.新员工培训

新员工培训一般安排在新员工刚入职时。培训方式是集中培训和边干边训相结合。一开始可以组织2~3天的集中培训,重点讲企业文化、产品文化、规章制度、销售技能等内容,接下来的两个月内每周安排2~3次培训,每次半天,其他时间则在店里实际操作。培训内容主要包括:

• 文化制度培训:企业文化和规章制度——讲师:老板、公司内部培训师。

• 产品相关知识培训:新品培训、产品培训、服务技能——讲师:公司内部最熟悉该产品的人、厂商或总代的产品经理。

• 销售技巧培训:专业销售技巧、服务营销、店面陈列技巧——讲师:公司内部销售技能最好的人、厂商或总代的销售经理、培训机构的专业人士。

• 素质提升培训:有效沟通(善于提问、深度倾听)、时间管理、营销礼仪——讲师:老板、公司内部培训师、培训机构的专业人士。

• 价值观、团队精神培训:价值观、团队精神——讲师:老板、公司内部培训师、培训机构的专业人士。

2.(预备)店长培训

店长是零售管理中最为重要的环节,必须保证每位新店长在上任前都经过严格的培训。因此,哪怕只有一个预备店长需要培训,也要很好地组织。预备店长一般培训3~5天,主要培训内容:

• 店面营销管理体系——讲师:老板、公司内部培训师、培训机构的专业人士。

• 终端训练总动员——讲师:公司内部培训师、培训机构的专业人士。

• 课程讲授技巧——讲师:公司内部培训师、培训机构的专业人士。

• 中层领导力与团队精神——讲师:老板、公司内部培训师、培训机构的专业人士。

3.终端训练

终端训练主要针对一线员工。从训练方法上分为集中训练、现场训练和销售技能大赛等,从实施过程上分为培训需求分析、计划制订、执行、效果检验和总结等几个步骤。

(1)培训需求分析

需求分析由店长负责,具体需求主要来源于人员考核的结果,如果员工中有20%以上的人员在某一项考核项目中存在问题,就需要有针对性地开展终端训练。

• 现状分析:通过现状分析,找出差距和不足,确定受训人员。

• 确定培训内容:明确主要在哪些方面进行培训。

• 确定培训方式:集中培训、现场训练、技能大赛或者综合进行。

• 确定培训讲师:现场训练和技能大赛一般由店长或公司内部人员主持,集中训练可能由公司内部讲师、厂商或总代人员、零售领域专家或培训机构的专业人士来讲。

• 确定培训教材。

(2)培训计划制订

店长根据需求分析确定培训内容和方式,制订培训计划。

• 集中培训计划:一般每周安排2~3个晚上,利用休息时间在店里进行训练。由经验丰富的老员工、当期销售冠军讲述销售经验,全体店员参加。

• 现场训练计划：由老员工担任入职两个月内的新员工的导师，在工作过程中对新员工随时进行指导。主要方式是模拟演练和复盘。

• 技能大赛计划：技能大赛包括重要销售环节的个人展示、主力产品销售话术、高精尖产品或配件的销售经验分享、讲述你与老用户的故事等形式。一般由公司组织在各店面之间开展竞赛，每周一次，在休息时间进行。每个店面是一个小组，每小组选出本周最经典的案例现场模拟。选派 2~3 名销售人员，一名扮演用户，一名扮演销售人员。现场把发生的经典案例分享给大家。大家共同评分选出表现最好的组，公司每次给予 200 元的奖励。

(3) 培训执行

执行培训计划，记录执行情况，包括时间、地点、人员、内容、效果等，由店长负责录入。

(4) 培训总结

培训开始后每月进行一次检查，主要是检查培训成果，看店面的销售业绩是否有明显的提升，找出差距和不足，确定后续培训的重点。下一次季度考核时要对比培训前后人员的表现情况，进一步检查培训效果，并撰写培训总结，总结进入知识库。

除了集中训练，师傅带徒弟也是零售行业人才培养的主要方式。很多企业一直沿用这种师徒制的培养方式，这里我们给出几个建议：

• 师徒制必须上升为公司战略，上升为制度化、体系化的过程，而不能仅仅是员工自觉自发的个人行为。

◆师傅带徒弟

• 能做师傅的员工不但要经验丰富、乐于助人，还要有良好的职业道德素养，认同公司的企业文化。

• 师傅要经过个人申请和公司认定，持证上岗。

• 公司要给师傅岗位补贴，并作为今后晋升的必要条件。

• 徒弟的辅导期不应少于 3 个月，但也不宜超过 6 个月。6 个月还不能出师的估计也就出不了师了。

• 师徒之间可以双向选择，徒弟对师傅不满意可以提出来，或者更换师傅。出师后，双方要进行相互考评。

• 每个徒弟只有一个师傅，每个师傅可以带 3～5 个徒弟，多了效果就会大打折扣。

• 师傅要给每个徒弟制订培养计划，布置任务，监督考核，同时要在业务、思想、生活等方面帮助徒弟成长。

零售企业要做大，必然要多开店，因为一个店面能覆盖的用户群数量毕竟有限。为了让店里的客人得到足够好的服务，又需要多招人。人一多，又必然会有做得好的和做得差的，太差的那些只能选择淘汰。这看似一个没法突破的魔障。但大批招人、大量裁人的"流水营盘"运营模式一定不是好模式。任何企业的努力方向都应该是提升人均毛利。零售企业不能总认为自己是"搬箱子"的，只能干点粗活累活，而应该勇于向年人均毛利 100 万的宏伟目标坚定迈进。人均毛利高，老板才能多赚钱，员工才能收入高。但能达到年人均毛利 100 万的企业凤毛麟角，大多集中在垄断性的暴利行业或都是人精的咨询行业。零售企业应该多向咨询业学习，让每位店员都能成为一大批忠实的老用户的咨询师，大幅提升个体赢利能力，这样企业才真正具有核心竞争力。

零售应该通过员工考核，找到每个员工适合的发展道路，通过多条渠道的晋升为员工提供足够的机会，通过内部创业激发优秀人才的潜能，通过淘汰机制保持组织的活力。

(1)考核

考核分为业绩考核和素质考核两个部分。业绩考核主要决定员工的收入，素质考核决定员工的晋升。

业绩考核一般按月进行，以考核员工创造的毛利为主。很多店面没有毛利的概念，只看员工的销售额，这在冲量返点的时代是有效的，因为那时候高销售额就意味着多赚钱。但随着实体零售的毛利率日渐走低，很多店面虽然每月的流水很高，但稍微一算就知道，每月只能保本，甚至亏损。因此，提升店面毛利是压倒一切的大事，员工的考核和提成也应该以毛利作为首要指标。销售人员的提成一般为毛利的6%~12%,根据店面的具体情况而定。

素质考核模块分为员工自评、领导评价、考核结果、考核情况交流等。一般一个季度进行一次。考核结果采取百分制,在全公司进行排名。

销售人员的素质考核标准举例如下:

店面: 销售人员: 年 月 日

序号	项目	检查细分	考核标准	标准分	自评得分	领导评价	得分率
1	营销礼仪	仪态	统一着装,仪态稳重,端庄自然	3			
		精神面貌	精神饱满,面带微笑,保持愉快心情,做好顾客咨询服务,树立企业形象	3			
		姿势	经常保持站立,不随便倚靠或坐卧	3			
		迎候顾客	积极主动,礼貌大方	4			
		卫生	遵守个人卫生和集体卫生标准	3			
2	文化和纪律	考勤	遵守上下班及其他规章制度,不迟到早退,不擅自离岗	5			
		工作纪律	上班不吃零食,不看报刊,不聊天打闹	3			
		保守秘密	保守商业秘密	3			
		忠诚度	不为竞争品牌提供任何服务	3			
		文化	符合公司企业文化的标准和要求	3			
3	工作表现	产品介绍	详尽介绍产品特性优点及使用方法	5			
		售中服务	耐心接受顾客挑选产品,不急不躁	5			
		售后服务	乐意帮助,提供解决方法	3			
		信息收集	竞争店面动向,产品信息、用户信息、当日销量,畅销机型、库存情况等	5			
		现场促销	抽查提问应答自如	5			
		台账建立	合理完整	2			

续表

序号	项目	检查细分	考核标准	标准分	自评得分	领导评价	得分率
4	售点管理	产品陈列	展区排列整齐美观	5			
		卫生状况	样机无尘，柜台清洁	3			
		POP 张贴	按公司规定标准规范	2			
		宣传品	齐全整洁，摆设恰当	5			
		销售报表	及时准确，规范详尽	5			
5	业务素质	公司政策	熟悉了解，支持配合	2			
		产品知识	熟悉所有产品，了解技术优势	5			
		推销技巧	精通推销技巧，能够主动争取优势	5			
		口头表达	具有较强的语言表达能力，说服力强	5			
		对竞争品牌	了解对手信息，但不诋毁	5			
总分				100			
考核沟通时间			沟通地点				
沟通情况记录：							

（2）晋升

给员工搭建多条成长的阶梯，也是零售企业的要务之一。一般零售企业员工的升迁只有一个渠道，那就是当店长、总监，想再往上只能自己出去单干了。其实适合做管理工作的只是少数人，如果晋升渠道过窄，很多人只能被逼离开。零售企业应该设立多条晋升通道，让不同的人员有适合自己的道路可以选择。比如把销售分级，分为销售实习生、初级销售、中级销售、高级销售和资深销售，有些人就是适合做销售工作，不适合管理，那就让他一直快乐地做销售好了，做到资深销售，待遇和地位不比店长差。技术人员也可以按此分级，让有能力的工程师成为技术专家，同样可以获得足够的个人成就感。除此之外，还有产品经理、培训师等高级职务可供选择。

（3）内部创业

长期来看，零售企业的员工最佳的出路就是自己当老板，但创业是个非常艰难的事情，需要资金、管理、团队、厂家支持等要素。做得好的零售企业应该为兢兢业业干了很多年，公司已经很难为其安排职位，并且具备创业条件的老员工提供内部创业的机会。

对于在公司工作5年以上，担任店长3年以上，各方面表现优异的人员，公司应给予其内部创业的机会。公司提供相应的创业扶持，如资金、人员、产品、创业辅导等。资金支持有入股和低息贷款两种形式，在当事人同意的情况下，创业人员可以带走两位公司员工共同创业，公司提供部分带有一定账期的产品供创业公司销售，并给予一定时间的创业辅导。

创业公司和母公司可能的关系包括：

• 资本关系：母公司借机成为一家投资公司，出资占有创业公司一定比例的股份。

• 供应链关系：创业公司成为母公司的一个销售渠道。

• 用户关系：母公司可以为创业公司提供人力资源服务、咨询服务、培训服务、软件服务等，将创业公司发展为自己的用户。

（4）人员淘汰

由于零售企业人员的流动性较大，因此，要保持一定的淘汰率，以确保公司想留的人留下，不想留的人离开。人员淘汰可能有下述几种情况：

• 结合人员季度考核的结果和销售业绩一起进行评估，每个季度一次，对全公司销售人员进行排序，按照271原则，最好的20%的人员给予奖励，最差的10%的人员加以惩罚，如果连续两次位于最差的10%，则被淘汰。

• 员工入职两年后仍然无法成长为店长、技术专家或者资深销售的，原则上应该予以淘汰。

• 员工有下述严重违纪行为的，直接被淘汰：

①违反国家法律法规。

②隐瞒、虚报产品售价，谋取私利。

③将用户介绍到其他店面，收取提成。

④有公司规定的其他严重违纪行为。

实体零售的组织架构中有一个角色是极其重要的，那就是店长。店长应该成为实体零售企业中收入最高、最值得尊敬的职位之一。因为他背负着具体的销售任务，而且承上启下,是整个公司战略的着眼点和驱动力。

应该建立“超级店长”制度,重塑总部和店面之间的协作体制,改变两者之间的关系,调整总部以往居高临下,单方面发号施令的做法,强调店铺和总部的关系不是上下级关系,而是双向的对等关系。在公司中,店面是主角,总部是处于支持地位的配角;在店面中,店员是主角,店长是出于支持地位的配角,形成一种倒三角的组织结构。

应该赋予店长以下权力:可以根据当地门店的地理位置、客源层次自行调整和决定产品种类和订货量,自我决定产品陈列、促销活动,自主制定店员的考核制度。只要遵守公司最底线的原则,其他一切均由店长自己裁决。

店长必须承担个人销售任务和用户服务职能,而不能只负责管理工作。而且店长的个人业绩和老用户数量应该名列前茅,这样才能在店员中树立起威望。店长应该担负起培养预备店长的职责,并且只有培养出来能够替代他的店长人选,他本人才能得到晋升。

六、店面销售流程

统一的店面销售流程也是必不可少的。另外，店长也要在销售一线身先士卒，率先垂范。这一部分我们就讲讲销售流程和销售技巧等问题。

大家都很清楚经典销售 7 步法，即建立关系（获取用户）→发现需求（评估商机）→双赢目标（与用户建立共同价值观）→表明价值（我们能为您做什么）→双赢方案（让用户清楚双方分别能得到什么）→达成交易（谈判、议价、控制期望值）→满足共赢（执行方案，使之与期望值相符）。这些经典的方法在 3C 产品零售店面同样适用。你可能认为，这不是大用户的销售流程吗，我们这是零售店啊，怎么会适用？因为现在用户是稀缺资源，每一个用户都要谨慎对待。

目前，大部分零售店面还是原来那一套销售思路：偌大的一个店面，只有一个小姑娘看着，来个客人头都不点一下；客人问有没有 XX 东西，姑娘说都在那里呢，你自己看吧；客人问 XX 东西多少钱，有没有折扣，姑娘说那上面不是有标价和折扣吗；客人拿起一件东西看，姑娘觉得有卖掉的可能，就上前说两句，谈谈价，姑娘觉得人家不会买，只是过来随便看看的，就不理会人家了；消费的客人走了，姑娘说个慢走，没消费的客人走了，姑娘甚至白人家一眼；有两三个客人同时进店，姑娘就忙不过来了，只能招呼那个看着更像会买的客人，把另外的客人丢到一边去了。像这样的店面，能够提供的就是两点：产品和价格，除此之外，一无所有。但各位想想，和电商相比，实体店面的产品没有那么丰富，价格也没有那么优惠。所以实体店面在电商面前一触即溃，落荒而逃，原因就在于你提供的东西，电商都有，而且都比你好。实体店面必须提供超越产品本身的价值，也就是服务，才能赚到钱。再次强调，零售店赚的不是产品差价，而是服务费，服务越到位，服务费越高，赚的就越多。

好的零售店面都会有一个团队在为用户提供服务，一般来说，店员的数量应该与高峰时期用户的数量相匹配，把每一位用户都看作大用户，让每一位客人都得到称心如意的服务。

虽然经典的7步法仍然适用,但在店里还是要做一点改革和创新。改成这样的新7步:①获得认可;②挖掘需求;③推荐产品;④促成成交;⑤现场服务;⑥二次销售;⑦欢送客户。用户离店后如果能再加上一个第8步"跟踪服务"就更好了。

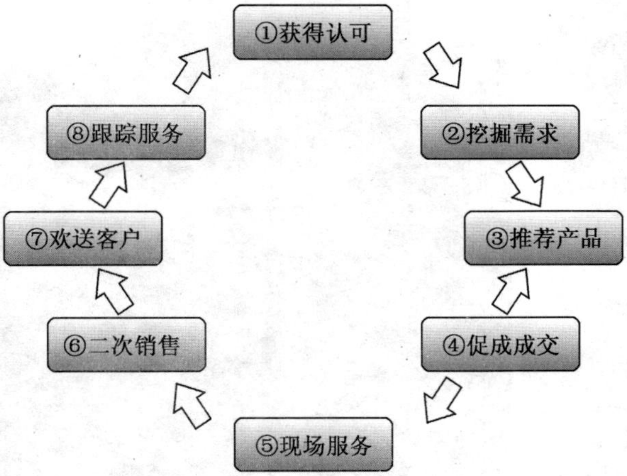

◆销售8步法

第1步,获得认可。由于中关村电脑城崛起、辉煌、恶化和败落的全过程声名远扬,用户对3C产品零售店面心存疑虑。曾经的中关村,是全国人民向往的3C产品圣地,80%以上的北京及其周边的人买电脑,中关村都是唯一选择。之后,某些无良的老板开始为了谋利不择手段,价格战、生拉硬拽、翻新机、以次充好、恐吓用户及同行等卑劣手段轮番上演。再之后,这些伎俩像瘟疫一样在圈子里面扩散,中关村电脑城一点点地烂掉,人心尽失。再之后,电商崛起,电脑城彻底陨落。但其在用户心里面留下了永远的痛,现在,哪怕是用户进入某知名品牌的旗舰店,也会满心狐疑地问:是行货吗?有质保吗?没宰我吧?这种宾主之间相互猜忌的心态没法做生意,或者只能做小生意、浅生意。因此,获得用户对我们的认可是做好销售的第1步。

你可能认为,我很清楚认可的重要性,但是认可需要一个长期的过程,店里来一个新用户,几分钟就得完成交易了,哪有时间先获得认可啊?你说的没错,深度认可需要时间的磨合,但初步认可是可以在短时间内达成的。这就需要你在与用户接触的前三分钟内做好每一个细节。

首先,主动相迎。用户一进店,至少一位店员在距离用户三米远的地方,看着用户的眼睛,露出一个嘴角上扬、牙齿微露的微笑(又称"三米微笑"),然后冲用户点一下头，满含深情地说一句“欢迎光临”。也许你认为，这些事员工都做得到啊。或许是的，但注视用户、“三米微笑”、点头致意、饱含感情地欢迎这四点他们都做到了吗？他们可以在一年中的每一天都这样对待用户吗？细节是魔鬼，坚持是胜利，而坚持细节就是无敌。

◆迎宾

其次，观察用户。你大概有 10 秒钟的时间可以用来观察用户以获得至关重要的第一印象。当然，不是让你看对方长得是否英俊漂亮，而是要观察用户的衣着打扮和神情。通过衣着打扮，你大概可以判断对方的经济能力，甚至消费习惯。这并不是让你以貌取人，嫌贫爱富，而是让你初步判断一下，应该主推哪一档次的产品或服务。硬让一个毛头小子买几千元钱的耳机，那整个销售过程你一定都非常痛苦；而让一个富二代美女买一个 200 元钱的音箱，她会觉得是一种侮辱。看神情主要是判断客人是心情急切还是心态轻松，急切的心情往往意味着用户来店有其特定需求，他已经想好要买什么东西了。心态轻松则表示用户没有特定需求，是来随便逛逛的。通过上述两个判断的组合，你就可以在很短的时间内将用户分成四种类型：有特定需求的高端用户、没有特定需求的高端用户、有特定需求的一般用户和没有特定需求的一般用户。相应地，销售策略也就应运而生了。需要切记的是对每一类客人都要友好接待，因为这次不买可能下次买，现在没钱买可能以后有钱买。你的老用户就是这样日积月累积攒起来的。

最后，通过一些免费的服务打动用户。比如给用户原来的手机做一下免费的内存和应用整理，不管那台手机是不是在我们店里买的，请用户坐下并赠送一罐加多宝，在用户逛店的时候帮助照看一下小孩，陪用户聊一个小时的世界杯等。总之就是要让用户感觉好像欠了你一个人情。

用户对你有好感的时候容易成交，用户信任你的时候容易成交，用户在轻松的情况下容易成交，在用户不相信你的时候你讲的话都是废话，都没有任何价值和意义。

获得用户认可并不是在这短短几分钟之内能够完成的事，这和你的表现以及你接待的用户都有很大的关系。它有可能贯穿于本次用户接待乃至你和这个用户多年交往的过程之中。我们给出的一个原则是：在获得初步的用户认可之前，不可贸然进入正式的产品推荐和交易环节。获得用户初步认可也有一个非常简单的标准，那就是用户连续对你表示了 4 次“肯定”。这个肯定不是指用户说是是是，对对对。它可能是一个表情，一个动作，或者一句话。比如你说“您好”，用户也说“你好”，这就是一次肯定；你说“您请坐”，用户坐下了，这又是一次肯定；你说“请喝茶”，用户端起来喝了一口，这还是一次肯定。连续 4 个这样的肯定之后，就可以开始正式的销售过程了。这时你说“这款产品很适合您”，用户否认的可能性会大大减小；你说“价格不贵，1280”，用户也会给予肯定的回应。但如果前面积攒不够足够多的“小肯定”，那就很难赢得带来价值的“大肯定”。

与用户接触的前面几句话是要引导用户不断地说“是”。如果第一句话就问用户“您需要什么”，用户很容易回答你“随便看看”，那后面就不好接了，所以第一句话就要想方设法获得用户的正面回应，以便为后面的持续认可做好铺垫。当然，第一句话到底说什么就因人而异了。

一般来说，店员看待用户的心态可以分为三种：第一种是把用户看作一块肥肉，这倒不是说店员高高在上，看不起用户，而是说店员只想着对用户攫取、把用户榨干，然后丢到一边。使用的手段可能是谄媚、欺骗、拉扯，甚至是恐吓，目的就是碰上了就痛宰一刀，不管以后如何。好在这样的店、这样的店员已经被时代淘汰了，其典型代表就是中关村的某些商户。第二种是视用户为提款机，只看重用户这次来，能不能从里面取出钱来。这样的店员倒是不会宰客，但他会先入为主地对用户加以判断，觉得这次能取到钱，就殷勤接待，觉得取不到钱，就视若无物。或者交易之前一副嘴脸，交易之后换成另外一副嘴脸。很遗憾，这样的店和店员还大量存在，但都活得比较艰难，不久的将来，他们将会被网络零售的大潮吞没。第三种就是我们要全力推荐的了，不过真的很难做到。那就是视新用户为恩师，视老用户为发小。大家体会一下，你在店里等待用户光临，这时你上高中时把你从被学校开除的漩涡中拉出来的班主任来买东西，你是一种什么心情，你会怎么对待这笔交易？再体会一下，你做了店长，你的一个发小打电话给你，说今天要到你的店里给女朋友选个情人节礼物，你又是一种什么心情，又会怎么对待这笔交易？对待每一个用户，你都怀着这种尊重、感恩、真诚、无私的心去面对，你将无往而不胜。

第2步，挖掘需求。用户进店的头三分钟，你还要做的一件事就是挖掘需求。除了欢迎光临之外，你的第一句话也是至关重要的。你应该说："您好，有什么能帮到您的？"而不应该说"您好，想买点什么？"用户进店，原因各异，可能想给自己的iPhone加个壳，可能想来看看有什么新玩意，可能就想进来凉快一下，还可能没有任何想法。你上来就问他想买什么，90%的用户回答不了这个问题，而且会认为你们是来买东西就欢迎，不买东西就不欢迎。一进门就有了情绪，后面很难扳回来。用户的需求很复杂，没办法通过一两个问题搞清楚，销售人员要有足够的耐心，要明白前面的铺垫是后期成交的关键，也是用户满意并且再次光临的基础。

用户的需求有显性的，也有隐性的，比如一个男孩来为一个女孩买手机，其显性需求就是买一款女孩喜欢的手机，隐性需求则是赢得女孩的芳心，从激烈的竞争中脱颖而出，成为女孩的男友。单看显性需求，你帮他选一款适合女孩使用的、足够打动女孩芳心的、而这个男孩也能承受的手机就OK了。这是一个非常成功的销售过程，但不够精彩。因为销售过程到这里就结束，只能帮这位男孩证明自己很在意那个女孩，愿意为她花钱，并且也很有钱。但在那位出众的女孩庞大的追求者队伍中，已经证明了这几点的人比比皆是，单凭这款手机无法为这个男孩带来任何竞争优势。为满足隐性需求，在完成手机的挑选之后，你应该主动帮男孩在手机中安装女孩可能喜欢的应用，并且赠送手机膜和壳。这时男孩一定大为感动，然后你建议男孩多花一些钱为手机配上一款高品质耳机，一个外形非常卡通的蓝牙音箱和一个携带方便、外观漂亮的移动电源。只要你讲明利弊，男孩很难拒绝。如果男孩仅仅花5000元买一个手机，那女孩的满意度应该很难超过80%，因为这肯定不是她的第一款手机，也很难是最喜欢的一款。但如果男孩再花2000块钱配齐这一整套东西，那女孩的满意度一定可以达到100%，因为应用可以展示他对女孩喜好的了解，各种配件则可以展示自己的周到、体贴和用心良苦。这一步棋高一着，优势占尽，男孩肯定会多花这个钱，何况你还免费服务并赠送膜和壳。

挖掘需求的两个重要手段是“善于提问”和“深度倾听”。在缺乏引导的情况下，用户是很难把自己的想法直接说出来的。要说也只能是“你们有……吗”和“多少钱一个”这样的浅层次问题。如果店员按照自己的思路走，那三言两语就进入了讨价还价的局面，最终很难收场。这时候店员的主动提问就非常关键，应该用几个用户回答相对容易又不会有什么抵触心理的问题来打开用户的话匣子。比如为了引导用户购买 iPhone，我们应该询问这样几个问题：

◆挖掘需求

(1)请问您现在使用哪一款手机？一般销售人员倾向于问用户“您想买哪一款手机?”或者“您想买个什么价位的手机?”这两个问题很难回答，用户即使有想法也不会直接透露给你，何况很多时候用户也没拿定主意，所以用户往往说一句随便看看就搪塞过去。这样让用户为难的唯一结果是用户会疏远你，把自己用一个更坚硬的壳包裹起来。后面你再问其他问题就更难得到想要的答案。而问用户现在使用哪一款手机，用户比较容易回答。通过这个问题店员可以基本了解用户对 iPhone 的熟悉程度、大概的消费水平、品牌的倾向性等状况。这个问题没有假定用户已经有了明确的目标，而是从用户的购买习惯入手，与用户共同探讨未来的需求，因此也就掌握了主动权，还可以让用户抛开或许已经形成的购买意向，更容易接受你的引导。以原有的手机为出发点挖掘用户的需求，要比从价格和产品配置出发更有说服力。这个问题不管用户怎么回答，店员都应该赞赏用户以往的正确选择，从而获取用户的好感和信任。当然，这也要求店员尽可能多地熟悉各种品牌的手机。

(2)您最在意手机的哪些功能和参数，最常使用哪些应用？原有的手机是用户的一面镜子，可以反映出用户的很多信息。比如手机上有很多自拍，那用户对拍摄功能会非常在意；手机上有很多歌曲，说明用户对音质会有独特的要求；而手机上安装的各种应用可以让我们了解用户主要考虑商务应用还是娱乐生活应用，用户的兴趣爱好是什么，消费潜力在哪里等。通过某一款用户和店员都比较喜欢的应用就可以找到双方的共同点，拉近彼此的距离。比如可以跟用户谈股票、侃足球、聊钓鱼、评电影等。了解用户的应用需求也有助于在成交之后为用户推荐合适的应用，从而再次提升用户的满意度。

(3)您对现在的手机有什么不满意的地方？每个人对于当下拥有的东西，往往更多地看到其缺点，而非优点。当你有机会换一个的时候，往往最在意的是你之前最不满意的地方。原来的屏幕小总想换个屏幕大的，原来的速度慢总想换个高速的。这样你就能了解用户这次换手机最主要的诉求是什么。

(4)您的手机使用一段时间会不会有卡顿的现象？这是一个针对原来使用安卓手机的用户，想让他转向 iPhone 的时候可以采用的一个问题。虽然安卓手机的外观和功能已经逐步逼近 iPhone，但在流畅性上还存在不少差距，而这也往往是安卓用户最不满意的地方。另外 iPhone 在体验和数据安全等方面仍然占据绝对优势，这也是吸引用户迁移的主要动因。

(5)您有过网购手机的经验吗？看到这个问题，你可能再也坐不住了。“我傻啊，用户好不容易来我们店里了，我还故意提醒他可以到网上去购买更便宜的？”其实这个问题水很深，咱们慢慢梳理一下。首先要说明，你的问题是“您有过网购手机的经验吗”而不是“您有过网购的经验吗”网购的经验百分之九十九的用户都会有，但网购手机的经验，而且是到你店里来的客人，其实占比小得多。百分之百的用户会知道网上买手机更便宜，不用你提醒他他也很清楚。到店里来的客人无非是三种情况：第一种是不相信网店，一定会在实体店购买的。这种用户就看是在你们店买，还是对你们不满意，转而到其他店买了。对于这一种用户，你提出了这个问题，也不会造成伤害。第二种是可能在店里买，也可能到网上买的。你主动提出这个问题之后，就有机会向用户展示实体店相对于网店在品质保障、售后服务、无须等待等方面的优势，促成其在店里成交。第三种则是把你这里当作体验馆，选好了之后就转身到网上去买的用户。这种用户比较容易鉴别，他总是不停地玩手机，偶尔问一下这个有什么好处，很少与店员有其他的互动。对于这种用户，想一次性扭转局面非常困难，但既然他来到了你们店里，你就要争取一个未来的潜在销售或服务的机会。你不要企图说服他不要到网上买，而是告诉他如何避免在网上买到假货，告诉他在网上买了之后可以到你们店里来验机，一旦发现上当你们可以帮助他挽回损失，买到行货之后也可以到你们店里接受服务等。这样，你就可以把用户单纯的对于产品的兴趣转移到对于店员和店面的兴趣。即使他这次没有在店里买东西，他也会觉得欠了你们一个人情，也会感受到店员的专业和真诚，那下次到店的机会就大大提高了。

总想着回避网店，这是目前实体店店员的一块心病，因为他们已经被电商搞得焦头烂额了，而且又没有任何招数去应对。但你能绕得过去吗？不可能啊。所以直面应对，才是正道。至于具体怎么应对，后面我们专门探讨。

这些问题重点解决手机销售过程中的一个要点：帮助用户选择一款真实符合他未来需求的手机。这里面有用户自己的主导因素，也一定包含店员的专业意见，尤其要考虑的是前瞻性。专业的销售不会完全屈从于用户前期的判断，而是会有自己独到的见解。只有充分挖掘用户的潜在需求，并与手机发展的趋势相结合，才能真正打动用户，让他们感受到专业的力量。把握好上述问题，店员就和用户站在一边了，而不是站在对立面，下一步就可以一起商量着来解决用户的问题了。

上述问题让我们联想起医生和药店店员的差别。你到药店，店员开口就会问：想买什么药？你见过有哪个医生一上来就这么问的吗？如果真的有，你也早被吓跑了。医生会问：您哪儿不舒服、有什么症状、几天了？然后一起讨论治疗方案怎么定，处方怎么开。我们的店员就应该像医生一样来望闻问切。最终用户选择购买哪一款产品，对于店员来说仅仅是毛利和提成的区别，但对用户来说却有着巨大的差异。因此帮用户选择一款最适合他的产品，是店员专业性的最佳体现。各种零售行业的导购，都应该体现出其专业性，才有存在的价值。比如最常见的服装导购。一个人的穿着是有相对固定的品位和一致性的，假如你在某一家服装专卖店遇到一位专业的导购，她告诉你说：美女，我建议您试试这款紫色的外套。而之前，紫色是你一直没有尝试过的颜色。如果你听了她的建议，试穿之后发现感觉特别好，从此发现紫色才是你的最爱，甚至从此发现一个完全不一样的自我，你对这位导购会是什么样的感觉？

提问主要采用开放式问题和封闭式问题两种方式，有很多典籍涉及这方面的内容，我们不再赘述，总的原则是开始用开放式问题收集用户信息，判断用户需求，然后用封闭式问题锁定想要引导的需求并将用户引导到该需求上。

用户有了交流欲望之后,店员最需要做的就是“深度倾听”。有些店员急于在此时展示自己的产品知识、专业素质和口才,妄图通过口若悬河的话术打动和征服用户,结果往往事与愿违。让用户多表达,店员适时的给予反馈,让用户感觉到被重视、被认可,是非常重要的。在这个过程中,用户的深层次需求就逐步被抽丝剥茧了,而店员也同时获得了用户的信任和好感。

第3步,推荐产品。这里触及最核心的部分了。前面两步是这一步的铺垫,后面五步是这一步的延伸。在搞清楚了用户诉求的情况下,推荐产品的实质是帮助用户找到性价比最高的、能够解决其问题、改善其生活的方案,方案中含有你们店里的某件或某些产品。要相信在这一点上你比用户更专业。只要你真正地把用户视作恩师或发小,一定可以提出最适合他的方案和产品。为用户推荐产品的时候切忌背诵产品说明书上的条目,也不能仅仅追随厂商的宣传手册,要按照“追求幸福、脱离痛苦”的原则来提炼并宣扬产品卖点。

◆推荐产品

用户的需求,总结起来无外乎两点,一是摆脱目前的麻烦,二是追求更好的生活。要清楚,用户买产品不是为了产品本身,而是为了产品带给他的价值。买手机为了更好地沟通和娱乐,买耳机、音箱为了享受美妙的音乐,买移动电源为了让自己更放心地玩游戏而不用担心手机没电。

同一种产品,应该在店里放高、中、低三款不同的型号,以应对不同的用户。有的时候可能需要进一些永远不可能卖出去的产品,其价值就是用它的“差”烘托出其他产品的“好”,帮助你更好地卖掉主力产品。大家应该都听过老太太卖烤地瓜的故事,老太太把烤地瓜分成两份,一份比另一份便宜5毛,介绍的原因是贵的那一份地瓜更甜,结果很多人购买,而且大部分选了贵的那份。贵的那份卖得差不多了,老太太就把便宜的那份拨出一部分放在贵的那份中,接着这么卖。这个策略之所以成功,是因为人们更喜欢在1和2之中选择一个,而不愿意对唯一的选择说“是”。如果你更狡猾一点,可以在给用户推荐产品的时候故意先推荐一款不太适合他的产品,在用户犹豫或者拒绝的时候再拿出你真正想推荐的产品,这时用户接受的概率大很多,因为他刚刚拒绝了充满善意的你,于心不忍,你再推荐,他也就从了。当然,前提是你在前面充分表达了自己的善意。

推荐产品的最高境界是不让用户感觉你在向他推销,而是营造某个意境或场景,让用户自己走进去,对某件产品产生兴趣。比如用户买了一个手机,他特别喜欢音乐,你帮他安装了一个播放音乐的应用,为了展示该应用的强大功能,你拿来一款耳机,让用户试听。你选一首他最喜欢的歌曲,让音乐带他进入一个美妙的境界。看似在介绍应用,其实在推荐这款耳机,你不用说一个字,用户会主动问你:“这是啥耳机?音质这么好!”……

一定要牢记,你真正想推荐的产品一定是真正适合用户的,这个“道”不能变,其他的“术”则可以灵活运用。

第4步,促成成交。成交一定要水到渠成,前面一整套的传切配合走下来,下面就看这临门一脚了。仓促起脚固然要不得,然而机会稍纵即逝,你把握不住射门良机,让用户白白流失则更为可惜。用户在买和不买之间犹豫的时候,其决定也就是一念之差,可能会被一个很小的点激发而做出完全不同的决定。如果前面的功夫已经下到家了,此时用户仍在犹豫观望的时候,你不妨替他做个决定。此时你不要问:“您看您要不要?”而要问:“是您自己用,还是送朋友,要不要我把它包装一下?”再比如,有三位互不相识的用户同时在你店里购物,当三位都在犹豫不决的时候,其中一位爽快地大声说:“我觉得不错,这些都要了吧!”在这种气场的带动下,其他两位也往往跟着就范了。

第 5 步，现场服务。事先铺垫，事后服务，这是店面销售的灵魂。不要让你的服务离用户太远，不要让你的服务让用户等待太久。成交后马上进行现场服务是最接地气的做法，尤其是主机成交以后。现场服务有这样几个好处，一是感动用户，“你看看，我都掏了钱了，人家还那么真诚热情，免费给我做这做那”。其结果可想而知，这个用户出去后会逢人便夸，遇人便捧，到处说你们家的店好、人好，下次不但他还来，还会有一帮朋友来捧场。二是接受服务的时候用户还留在店里，而且心情大好，心存感激，你想再卖点啥，也是完全有可能的。具体做法参照第 2 步那个男孩为女孩买手机的案例。

◆现场服务

第 6 步，二次销售。就是让用户产生连续购买。用户到店的第一次消费往往是购买主机或低端配件，能够产生的毛利较低，所以要努力争取二次销售，销售的重点是高端配件。必须说清楚，这一步是有相当的难度的，非高手不能把握，否则后果自负。曾经有一位客人就在店里愤怒地吼到：“你们想把店里的东西都卖给我吗?”呵呵，这个店可能很久没见着用户了，做得有点过了。你真要那么做的话必须对自己高标准、严要求，具体做法请参照第 2 步手机的案例和本章后面音箱的案例。

第 7 步，欢送客户。这一步看似很简单，但克敌制胜的妙招往往就在敌人不注意的地方。不用多讲，举两个例子就行了。有一次下大雨，有位老太太在店里闲逛了一下，没有购物，想要回家。店里一个小伙子说，外面这么大雨，我帮您打个车吧。说完便拿一把伞到马路边拦车。小伙子足足在雨中等了一个多小时，终于拦下一辆出租车。老太太上车的时候感动得不得了，第二天打发她儿子到店里买了几千块钱的东西。还有一次，一位客人买完东西准备打车去机场，在店门口等了半个多小时也没有车，客人很着急，因为再晚了就赶不上飞机了。店长给老板打了个电话，老板二话没说，开着自己的车把客人送到机场。以后那位客人成了店里最忠诚的老用户。

◆欢送客户

第 8 步，跟踪服务。客人离店，并不是销售工作的结束，而是刚刚开始。维系一个老用户的成本远远低于开拓一个新用户。所以店里的工作很多都是在店外完成的。用户消费的第二天，可以发一个短信感谢用户的惠顾；离店 3 天左右，可以发一个短信回访一下使用情况；每周可以发一个邮件介绍产品的使用和保养方法；每月可以在店里举办一次用户培训；节日或用户生日发送祝福短信或邮件……都是不错的跟踪服务方式。如果能转化为用户服务年卡，又可以产生新的利润来源。所谓“工夫在诗外”，这样做即可提升用户体验，增强用户黏性，又能增加收入，一举多得。你可能看到很多店面好像一天到晚也没几个用户到店，但人家依然活得非常滋润，因为他们手里面攥着一大批老用户，而服务老用户则是随时、随地的。

上述销售流程不能拘泥于形式，而应因人而异，因地而异，随机应变，灵活发挥。

除此之外，还有一项至关重要的工作，那就是处理用户投诉，化解危机。管理再完备，服务再到位，也总有百密一疏的时候。如果不小心得罪了用户，引发争执，处理不当，就会带来灾难性后果。一般来说，如果有 10 个用户不满意，只有 1 个会当面提出来，其他 9 个则会默然离开，并且把他的不满向 23 个人诉说，而感到满意的用户最多只会告诉 15 个人。因此，要善于发现用户的不满并及时加以处理，对于主动投诉的用户更是如此。一般店长都会视用户投诉为洪水猛兽，唯恐避之不及。我们则认为这对于店面来说是难得的改进服务，增加用户黏性的机会。处理投诉有这样几个基本原则，首先要保持态度平和，千万不要激化矛盾；其次要主动应对，转危为机，而不能逃避；再次要及时处理，不要拖延；最后要在超越用户期待、满足用户合理要求的同时增加一些额外补偿，让用户转怒为喜。

有一个处理用户不满的经典案例我们可以借鉴。有一个航班刚起飞的时候，有位客人请空姐拿一杯水给他，他要吃药。空姐说现在飞机刚起飞，等飞机平稳后马上拿给他。结果后来空姐把这事忘了，直到给全体乘客送餐时客人才喝到水。客人非常生气，把那个空姐叫过来骂了一顿。空姐非常抱歉，连说对不起。客人说下机之前要在留言本上投诉她。之后的两个小时飞行中，该空姐多次向客人致歉，并主动询问有什么需要帮助的，并且每一次经过客人身边，都对客人报以歉意的微笑，一共笑了12次。最终客人下机前还是在留言本上写下了一段话，空姐诚惶诚恐地拿起来一看，结果写的是："你善意的笑容打消了我的怒气，当你第3次冲我微笑时，我已经原谅了你。以后我将首选你们航空公司的航班出行。"事实证明，很多投诉的用户在得到满意对待之后都会转化成忠实的老用户。

七、基础产品销售

这里的基础产品指的是用户需求量大，可以给店面带来巨大的销售额，但往往毛利偏低的产品。比如主机（手机、笔记本、MP3等）、数据线、移动电源、移动硬盘、壳和膜等。

基础产品的销量是保证店面生存的根本，也是销售高端产品的铺垫。下面我们分别讲一讲怎么样做好此类产品的销售。

首先是主机。用户购机时主要会考察三个方面，即店面怎么样、产品怎么样、服务怎么样。关于店面，主要是看存在了多长时间，环境是否温馨时尚。历史久远的店面给人更可靠的感觉，不会今天在这里买了产品，明天就找不到人了。环境温馨时尚，会让用户觉得这里符合他的品位，可以提供他想要的东西。关于产品，主要看丰富度如何，是否行货。产品丰富可以提供给用户更多选择，进货渠道正规可以让用户更放心。关于服务，主要看员工是否专业，老客户多不多，员工与老客户关系如何，可以提供哪些售后服务的承诺。员工专业可以给用户更适合的建议，老客户多、关系密切说明这里值得长期信赖，服务到位则可以让用户更加省心、开心。

下面以手机的销售为例进行说明。给用户推荐手机时，对比不同手机之间的差异就至关重要了。差异主要体现在品牌、型号和配置上面。我一直瞧不起那些只会背产品参数的销售，直到有一次遇见一位高手，跟用户侃侃而谈，轻松把用户侃晕，我才不得不服：背参数也是一门学问啊。那店员说的大概有这样一些内容：

> iPhone6S相比iPhone6，最明显的变化当然是新增了玫瑰金色。“玫瑰金”原本指的是珠宝首饰行业里面常见的一种金和铜的合金，是由黄色的金加上棕红色的铜合成一种非常类似玫瑰色的金属，可以凸显您的内敛华贵、典雅别致。
>
> 另一个变化是背后iPhone 6字样的下边，加了个大大的字母“S”，6S加S这不是很正常么？不正常，iPhone 4S和5S的背部全没S，看来苹果是越来

越了解咱们中国人喜欢炫耀、爱面子的消费心理了。

相比前代，它们的正面尺寸完全没变，厚度增加了0.2毫米，两张A4纸的厚度，微不足道。但重量增加较多，6S重了14克，6S Plus重了20克，都增加了百分之十一点多，这在手感上一下子就能体现出来，抓起来感觉沉甸甸了。这其中最主要原因是增加了3D Touch所需要的压力感应器、芯片和马达等元器件。

6S的金属机身采用了7000系列的铝合金。iPhone从5到6，用的一直是6000系列镁、铝、硅合金，比较软，相对来说放在机床上易切割、好加工，但强度不够，容易弯曲。7000系列是铝、锌、锰合金，是所有系列里强度最大的一类，可以非常有效地改善iPhone的“软骨头”病。还有就是阳极氧化的时候不易着色，为了不再出现iPhone 5刚上市时那样的刮花门，苹果加厚了金属表面的抗氧化层。不光机身硬了，屏幕表面也换成了硬度明显更高的康宁第四代大猩猩玻璃。

发现用过6 Plus的人，竟然有一半多愿意回到小屏，这是一个手机屏幕尺寸已经趋稳的信号。6 Plus屏幕大了但体积更大，增加了操控的难度，小手女生单手已经很难掌控，再加上6S Plus重量又变重，还得经常对屏幕上半部分做3D Touch的点按，所以您在考虑买大屏的时候请三思。

6S上的A9 CPU是苹果的第三代64位处理器，6用的是A8。最高运行频率从1.4G直涨到1.83G，二级缓存由1M增加到了3M，6S的内存，从1G提升到了2G。用Geekbench的跑分来做一个直观上的对比，A8单核性能1627，A9单核性能达到了2500+，有50%以上的性能提升，让我们刮目相看。

现在智能手机的触摸屏不管是点按还是滑动，都只能定位在x轴和y轴的二维平面之内，而3D Touch可以让手机感受到你手指向纵深z轴方向的压力。

压力传感器只能判断压力，位置坐标的获取还得依赖触控层，比如你轻触微信图标，然后在其他地方按压，也会判断你按压了微信图标。原理很简单，但为体验上的细节更精益求精，苹果表现出了不一样的执着和认真。

为了让你每次按压能踏实地知道这次成没成功，苹果还配备了触觉引擎——一个很小的线性马达，让用户每次重压后都有一个很干净利落的震动反馈。这个感觉……怎么形容呢，普通马达震动是“嗡”的一声，启动和终止都有个过程，6S 的线性马达像按碎了个泡泡，“啪”，瞬间振、瞬间停。

用一句话来统一说明白什么时候该使用 3D Touch，可能就是“用力按，就能把你后面要做的事提前”。

Siri 终于可以在息屏下启动工作了。还加入了声纹识别，它不光可以把语音转成文字内容，还可以识别出是不是你这个人说的。

指纹识别速度也大大地加快了。

6S 的 WIFI 支持了 MIMO 天线技术，通过多天线来改善通信质量，提高系统信道容量，理论上速度比 6 翻倍，达到 866M 每秒，我们测试了一下 5G 频段，在同一个 WIFI 信号比较弱的点，iPhone 6 下载速度每秒钟八九百 K，而 iPhone 6S 可达 2M 左右，提升也是相当明显的。

6S 终于把千年不变的 800 万像素升级成 1200 万。前置摄像头从 120 万像素升级成 500 万……

那店员还在滔滔不绝地讲着，我实在记不下那么多了，一旁坐着的用户也不住地点头，对那哥们都有点崇拜了，最后说：啥也甭说了，哥们。你说，我该买哪个？你说买哪个我就买哪个！

下面说说数据线。在我们店面销售最常见的一款产品，和贴膜可以说是并列销售冠军的配件就是数据线。为什么讲数据线？数据线在我们店里面可以说是一款至关重要的配件，因为它在所有配件里是顾客点名率最高的。大家可以设想一下，还有哪款产品能够像数据线这样能够被顾客一进店就指名说要的？可能很难有产品能超越它了。

但是就是这样一款点名率特别高的产品实际上为我们店面的贡献到底有多大呢？我们看一下前段时间的调查：100 台手机的销量，数据线的实际销量大概是在 50 条左右，平均下来，每条数据线的利润大概在 50 元左右，加在一起也就是 2500 元。这在我们的店面是普遍存在的现象。这是不是一个正常的现象呢？其实特别不正常，因为顾客来我们店购买数据线，最终我们往往只是卖掉了一条数据线，其他的产品都没有卖，我们浪费了一个来店里的客人，或者说利用率很低。

如何才能够提高对购买数据线的客户的利用率？在这里我们把数据线的销售过程分为三段。我们怎么卖数据线的？大家可以回顾一下店里的情况，各位老板也可以到店里现场去感受一下，看你的店里到底是怎么卖数据线的，是不是非常枯燥的三言两语。

销售数据线的三部曲：第一环节同样是从提问开始的。主要由两个问题组成，第一个问题就是：先生你用的是哪款手机。我们可以通过顾客用的手机来判断这位客户能够接受什么样的数据线。另外一个问题就是：你的数据线是丢了还是坏掉了？这两个问题基本上就锁定了顾客可能接受的一个价位，同时也能够留住顾客，让顾客愿意在店里多待一会儿。他本来想问一下多少钱，有没有便宜的，交钱就走的，但通过你这么一问，他会再多待一段时间，再聊一聊，不是想象的那样，拿一条数据线就走。之后我们就进入到第二个环节。

第二环节就是要介绍市面上数据线的种类。市面上的数据线通常都分为三类：一类就是高仿的数据线，价位在十多块钱到几十块钱不等的、质量相对低的数据线，现在市面上比较多的是这种数据线。这类数据线有三个缺点：第一个是兼容性不好，有时候插上 iphone 不好用。有的只能充电不能传输数据。第二点就是它的耐用性差，用不了多长时间就坏掉了。第三点就是这类数据线电量不稳定，有时候会影响到手机电池的使用寿命，这个损伤是比较大的。最后一定要加一句话：我们不建议您购买这样的数据线。第二类数据线就是原装数据线，苹果原装的。苹果原装数据线的兼容性和对手机电池的保护是没有问题的，它的缺点是耐用性差一些，插头容易折断。因此，在我们店面销量最好、客户最喜欢的就是第三类数据线：苹果授权的品牌数据线。这里有很多品牌，比如说威宝、魔士等，这些数据线的制作工艺很精美，一看就知道质量是特别好的，比原装数据线更耐用。当然这样的数据线价位也会高一些，但是它物超所值，而且我们提供一年免费换新服务，让您安心使用。

有了上述的介绍，客户这时候比较关心价钱。原装的数据线 149 元，不能打折，品牌数据线 198 元，可以打八五折或者九折，客户选择品牌数据线的可能性会大幅增加。如果这时候客户还是觉得价格贵，希望选择便宜的，我们可以采取这样一种极端的方式来应对：先生，价格便宜的数据线我们也有，38 元、58 元的都有。这种数据线呢，我们公司规定只能送，不能卖，不赚您这个钱。您也不需要到网上或到其他店里去购买，您需要的话您就拿一条，我们交个朋友。不过，再次强调这种数据线不能保证您的手机安全，您使用的过程中一定要注意，而且这个是不保修的。

相信客户听完以后，会有一部分转化为购买高端数据线，即使他愿意拿一条高仿的回去，对我们来说也很重要。我们就交了个朋友，反正成本十几块钱的数据线对公司来说一个月送不出多少条，有十条二十条就够了。但这些客户回到我们店里的概率会增加，同时避免了他去网上或者去其他店面购买。因为数据线的销售没有什么难度，所以我们很多同事不愿意花这么大的精力去做。但要清楚的是，销售数据线不是我们的目的，我们的目的是无论成交还是不成交，我们都要把客户留下，都要给客户展示出我们的善意和专业，这样我们就有机会推荐其他的产品。比如，假如用户之前经常使用高仿线，我们就可以利用“爱思”等工具为用户检测一下手机的充放电次数，然后告诉用户他的手机电池已经受到损伤。用户肯定也会有感觉，电池越来越不经用了。此时可以推荐两种方案：一是拆机更换电池——一般用户有点不好接受；二是配备一款移动电源，这样不仅可以为手机充电，还可以为其他设备充电。这样就完成了从数据线到移动电源的连续销售。

需要提醒一句，用户购买手机之后，不要推荐数据线，而应该推荐毛利更高的其他配件产品。因为数据线是刚需，用户离不了。用户可能为了一条数据线而专门到店，但很难为了高端配件直接到店。

为什么一根小小的数据线，我们要啰唆这么久呢？它看似不起眼，感觉很简单，也经常被大部分店面忽略，其实却是检验店面销售水平的一把尺子，理由如下：

• 数据线是用户到店点名购买的主要产品之一，数量仅次于手机，在所有配件中绝对排名第一，大概可以占据到店用户的三成左右，不可小觑。

• 虽然数据线销售容易，但真正的水平差异在于销售完数据线之后，用户的满意度如何，是否能产生连续消费，是否感受到店员的专业和热情，是否为再次到店打好铺垫。

• 如果数据线销售的过程很糟，那用户或者什么也不买，或者仅仅拿一条数据线匆匆而去，这不但浪费了本次的机会，也杜绝了今后的可能。

下一个基础产品：移动电源。前面谈到，它和数据线一脉相承，可以形成连续销售，但怎么能连得起来，还是颇费脑力的。

要想卖好移动电源，首先要掌握一些基础知识。关于移动电源的基础知识分为三类，第一类是电源本身的知识，比如品牌、参数、电芯。第二类知识是市面上移动电源的种类。我们可以把市面上的移动电源分为三种：第一种是充电宝，第二种是品牌移动电源，第三种是苹果官方授权的移动电源。充电宝就是市面上充斥着的那些低于100元的，标注的容量很大，价格很便宜的产品。那都不能称之为移动电源，只能叫做充电宝。充电宝存在几个问题：第一个就是做工比较粗糙，质量不过关，用不了多久就坏掉了。第二个问题是虚标，容量本来是3000毫安的，它标10000毫安，也可以充电，但充一次电量就没了。第三就是安全性不够，有可能造成手机电池的损伤，甚至产生过热、爆炸等危险。

移动电源最关键的部件是电芯，目前市面上主流的电芯有两种，一种叫作18650电芯，一种叫聚合物锂电芯。使用18650电芯的典型代表是小米那款NDY-02-AD，标注10400毫安。打开后盖可以看到四个像充电电池一样的电芯，每个2500毫安，合起来就是10000毫安。这种电芯比较重，直径比较大，所以充电宝本身也比较笨重。大部分人的充电宝用两三个月就坏掉了，或者自己也不愿意用了。事实上很多充电宝都是作为活动的赠品，我们不建议购买。品牌和官方授权的移动电源都采用聚合物锂电芯。

移动电源有一个重要指标是充放电次数。好的移动电源充放电次数应该在500次以上，和iPhone电池的寿命差不多。常见的移动电源容量有5000毫安和10000毫安两个档次，如果您经常出差，建议买个10000毫安的，如果主要在市内，5000毫安的就够了，而且更轻便一些。当然，您也可以选择拥有两款不同容量的移动电源，在家时用5000毫安的，出差时用10000毫安的，作为商务人士，有两三款移动电源是再正常不过的事情。

对于女士来说，移动电源就和您包包里面的其他时尚用品一样，是应该每天携带的日常之物，因此也要能体现出您的品位才行，不能只把它看作锤子、螺丝刀那样的工具。移动电源的做工、材质、手感、观感都是体现您品位的重要方面。您看这一款TPOS viva AL5200移动电源，造型时尚、美观，机身大小和一部手机差不多，用户很容易携带。注意这里的Mfi标志，就是“made for iPhone、iPod、iPad”的英文缩写，有这个标志才是苹果官方授权的。

移动电源的形状也是需要您关注的一个问题。有些移动电源外观很漂亮，形状各式各样，买的时候觉得不错，用的时候就会觉得不方便。因为经常会有一种情况是充电过程中您还不得不使用手机，如果移动电源形状是四方的、圆的、三角的，和手机一起拿着很不方便。所以建议您买和您的手机形状最为相似的移动电源，两个一起拿着是最方便的。

给用户介绍上述知识的时候，要把这三类移动电源都摆在面前，让用户有个直观的感受。聊了这么多之后，才能够进入谈价格的阶段，这时候跟用户聊价格就不至于陷入讨价还价的尴尬境地。用户可能会忽然发问：这一款多少钱啊？这时候，也不要直接说出价格。应该这么说：品牌和苹果官方授权的肯定要贵一些，但绝对都物超所值。授权的一般在四五百元，品牌的一般在三四百元，您说的这一款就是298元。这是移动电源的一线大牌，在我们店里的销量是数一数二的，您可以放心购买，我们的服务承诺是半年保换，授权的是一年包换，老板您看，您来哪款？

这个时候，部分用户肯定还是会觉得价格有点高，不太好接受。这时候可以这么说：虽然充电宝便宜，但您买回去也就用几个月，用起来还很不称心。而这款移动电源您至少可以用三年，每次用起来都很开心，还有面子。平均算下来，买着便宜的东西用起来就贵，买着贵的东西用起来反而便宜。您说是不是？而且，您和朋友一起聚会，最常摆在桌面上的除了手机，就是移动电源，所以选移动电源一定要选一款和您的品味相符的。您有一块这么新潮时尚的移动电源，绝对让大家羡慕不已，一块移动电源把几个朋友的充电问题都解决了，您说值不值？

最后要说明一点，开始移动电源的销售之前一定要有一个恰当的过渡，不能太突兀，否则很容易在第一时间被拒绝。比如在手机成交之后的服务阶段，您可以和用户聊天，问他主要用哪些应用，每天大概会花多长时间在手机上。一般人都会遇到到了下午或晚上手机就快要没电的问题，而且往往会有几次彻底没电的痛苦经历，尤其是那些经常看视频、玩游戏的，因为手机屏幕越来越大，使用时间越来越长，容量再大的电池也扛不住这么个用法。这就是制造痛苦，用户的痛苦被唤醒，销售移动电源的机会就来了。移动电源即使一周只会用上一次，那一次给用户带来的价值都不止两三百元。还有前面说过的数据线引出移动电源的例子，用户现在随身携带的电子产品越来越多，功能越来越全，耗电也就越来越多，这些都可以作为销售移动电源的引子。

再下一个基础产品:移动硬盘。销售的过程也大同小异。你只是说你们家那款移动硬盘是什么牌子的,什么材质的,多大容量,多少转速,这些都无法打动用户。因为没有解决客人为什么要买的问题。正确的方法应该是,首先问用户:“您这台笔记本是商务应用还是家庭应用?”不管用户怎么回答,接着问:“您笔记本中的数据重要吗?”99%的用户都会认为自己的数据很重要。接着追问一句:“您以前遇到过数据丢失的情况吗?”用户马上被带回到某次痛苦的经历中去了。你不失时机地再加一句:“丢失数据的时候您愿意出多少钱买回这些数据?”用户心想这个千金难买啊。这时你拿出一款足够吸引力的移动硬盘,说:“这个很适合您。”用户一定感激涕零。不是这款移动硬盘值800元,而是用户数据的价值远远大于800元,所以用户会毫不犹豫地买下这块移动硬盘。

此时有人可能要说了,移动电源和移动硬盘都说了,怎么不说说比这数量大得多的膜和壳呢?膜和壳虽然属于基础产品,但稍加包装之后,立马可以高大上起来,我们在下面的高端产品销售中才会隆重推出。这有点像被人挑剩下的、歪瓜裂枣的水果尾货,被五星级酒店低价买走后,洗净、削皮、去核、切块,拌点沙拉酱,便成了一盘上百元的水果沙拉。

八、高端产品销售

如何判断一个3C产品实体店的档次和水平呢？不是看它的位置和面积，也不是看装修和人数，有一个相对简单而且有效的标准就是看它下面三种产品的销量如何，即高端配件产品（价格1000元以上）、新奇特产品和服务产品。高端配件产品比如JBL Pulse音箱、魔声钻石之泪耳机、Alpha Bravo背包等；新奇特产品比如坚果智能家庭影院、大疆无人机、智能家居、平衡车等；服务产品就是把服务产品化，从实物产品中分离出来，单独销售给用户。之所以这三类产品的销量决定着店面的水平，是因为：

• 售价较高，销售有相当的难度，对店面和店员都有极高的要求。

• 是提升和鉴别员工能力的重要标准。

• 同行实体店、电商都很难卖这类产品，因此毛利有保障。

• 用户往往有了极大的满足感之后才会购买此类产品，因此销售之后用户的满意度反而较高，忠诚度更有保障。

• 新奇特产品形成了你和其他3C产品实体店的差异，很多用户会多次到店体验之后才会购买，因为该产品对于吸引用户回头有重要意义。

• 此类产品的维修、服务可以带来用户重新到店的新的销售机会。

要卖掉这些高端产品，不是简单地研究销售技巧和话术就能解决的，必须搭建一个系统的销售体系。这其中包括：

• 店面布局与装修的升级，让用户可以慢下来、坐下来，给我们充足的销售时间。一般来说，用户在店20分钟以上，才有可能产生此类产品的销售。

• 设置数码精品专区，改进产品陈列和展示，选择优质的音视频素材，让用户可以充分体验这些产品。有些体验是刻意的，有些体验看起来是不经意地（实际上是经过精心设计的），总之，体验不到位，成交基本没戏。

• 分期、分配的培养可以销售此类产品的店员，通过一轮轮的训练、分享、比赛等手段选拔合格的高端产品销售人员。千万不能所有店员一哄而上，谁都可以卖，这样就会把很多本来愿意购买的用户给吓跑了。销售高端产品的店员要成为“数码达人”，持证上岗，承诺一定的销量目标，才有资格去卖。

• 让店里的“数码达人”自己先充分使用这些产品，熟悉其性能，把握其内涵。可以考虑以分期付款方式让达人们以成本价购买产品，天天把玩。

• 提炼独特的销售流程（后面详述）。

• 全公司所有店面进行“数码达人”月度销售排名、年度销售竞赛，让销售冠军分享经验，逐步在更多店员中普及。

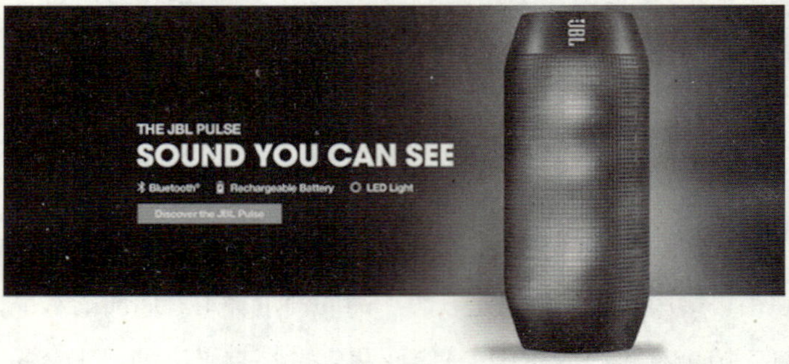

◆JBL Pulse 音箱

◆魔声钻石之泪耳机

◆Alpha Bravo 背包

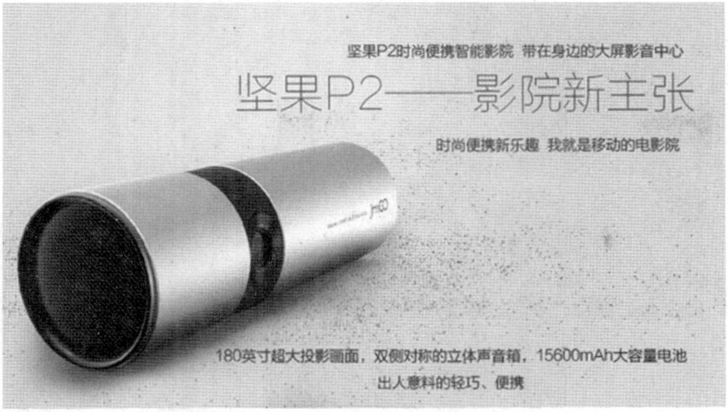

◆坚果智能家庭影院

◆大疆无人机

◆i-ROBOT 平衡车

◆小施服务年卡

开始销售这三类高端产品之前，需要先引入三个重要概念："建立信心""双人服务""幸福曲线"。

看到后面两个名词，大家或许感觉有点陌生，它们为什么和"建立信心"这样一个平凡的词汇放在一起呢？因为建立信心是销售高端配件的基础，建立的是谁的信心呢？当然是销售人员的信心。看到一款标价 1988 的 JBL 蓝牙音箱，作为一名普通的销售肯定是心里打鼓：这能卖得出去吗？我能卖得出去吗？答案是每个人都能，只要你经过适当的训练，采用得当的销售流程和话术。当销售人员信心满满的时候，他就真的能卖得出去任何好产品。

"双人服务"，顾名思义，就是有两位店员先后为一位用户服务。这种服务模式在零售店中较少使用，因为店员一般认为自己接待的用户就是"自己的用户"，不愿意让别人再接触，以免下次用户来店不找他，而找另外一位。其实两个人分别为用户服务，会让用户感觉更专业、更规范，店长应该对此加以引导或要求。店员一般分为销售人员和技术服务人员两类，一般店面的销售任务都是由销售人员承担的，高端店面中技术服务人员也要承担销售任务，而且往往达成率很高。因为技术人员会给人更踏实、更专业的感觉，而且技术人员的服务通常更容易获得用户的好感，此时推荐产品的成功率自然增高。所以，双人服务一般指销售人员先服务用户，产生一次销售后转由技术人员再给用户做服务，进而产生二次销售。当然第二个做服务的不一定就是技术人员，销售人员中技术较好的人员也可以。如果店员都掌握基本的技术手段，那就可以相互配合完成双人服务，这次你先服务，我后服务，下次我先服务，你后服务，形成团队的合力，共同提升销售业绩和用户满意度。

"幸福曲线"指的是用户在接受服务的过程中心里的认可度和满意度的变化曲

线。感觉幸福的时候曲线走高，感觉不幸福的时候曲线走低。通常用户的幸福曲线是直线或者抛物线，直线就表示你没有任何地方可以打动用户，也就很难产生销售了；抛物线就表示用户对你的店面、产品或人员感觉不错，随着服务的展开，幸福感逐步提升，到达一个高点，此时销售人员如果能把握好，就可以产生销售，之后用户付款，幸福感走低，用户离店。如果你的店员足够牛，就可以让用户的幸福曲线变成波浪线，也就是产生多个波峰，每个波峰都可能促成交易。需要特别注意的是，波峰之后必然是波谷，千万不要在波谷阶段向用户推销产品，要耐心地培养下一个波峰，培养的方法有专业细致的讲解、送用户一罐饮料或端一杯茶而不是水、免费服务、提供赠品等。

看看下面三个图就明白了。

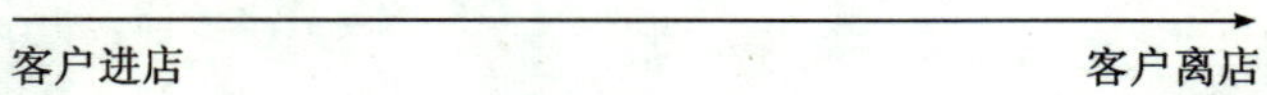

◆直线幸福曲线（零销售）

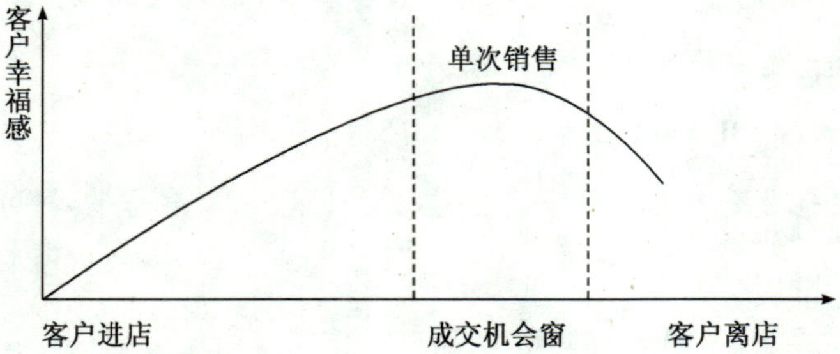

◆抛物幸福曲线（单次销售）

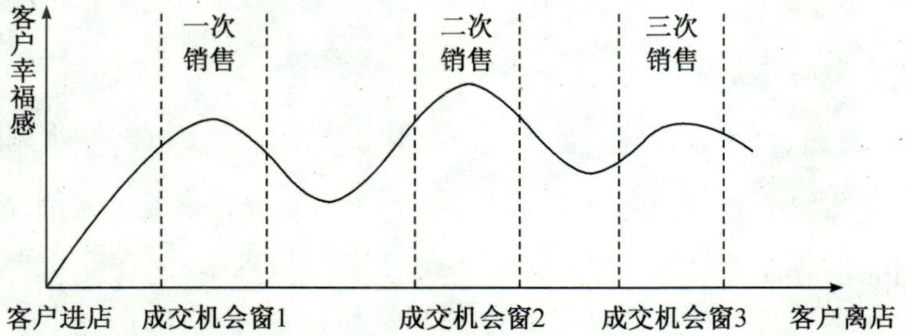

◆波浪幸福曲线（多次销售）

下面我们分别讲解上述三类产品的销售技巧。

首先看高端配件产品。讲一个施道成经典的高端配件销售案例，选用的配件是价格接近2000元的JBL的脉动蓝牙音箱。

用户进店，销售人员A负责接待，获得认可、挖掘需求等步骤顺畅进行，帮用户选了一款iPhone6s Plus 128G，拿了一款样机给用户试机，演示音效，打开音乐播放器，根据用户的年龄选了一首韩红的天路，先试试手机自带扬声器，然后给用户说接一个音箱看看效果。桌上就放在一款JBL Pulse 2，iPhone顺利地连上Pulse，效果震撼。用户拿起Pulse看了一下，没说什么。A看在眼里，也不着急，继续给用户试机，解答疑问，iPhone6s Plus成功落袋，用户脸上带着笑容。

付完款后，A给用户说让店里最棒的技术人员帮用户免费验一下机。然后把技术人员B介绍给用户。B把用户请到服务区，拆封、开机，现场激活iPhone，告诉用户激活时间对了说明是新机，否则就是二手翻新机。然后打开手机→设置→通用→关于本机，查看手机型号，告诉用户，国行手机型号尾数为CH，其他都是水货。用户看得饶有兴趣，连连点头。基本设置做好之后，开始为用户推荐App，给用户说咱们看看大片效果吧。然后再次连上就放在旁边的JBL Pulse 2，播放碟中谍5……Pulse的LED灯变幻出各种效果，用户再也忍不住了，问了一句："这是什么音箱，挺有意思。"Pulse这才正式成为舞台的主角……

B："这是JBL Pulse 2，也就是JBL脉动二代蓝牙音箱。这是我们店刚到的新货，也是店里性价比最高的蓝牙音箱了。JBL是全球最大的专业音箱生产商，产品都是世界级的，非常棒！"

用户："样子是挺漂亮，声音效果也不错。"

B："没错，这也是我见过的最炫的音箱了。我给您演示一个神奇的效果哈。"说完拿起音箱放到桌上准备好的一个金鱼缸里。鱼缸里没有鱼，有半缸水，Pulse在水面上震颤着，激射出水花，音效依然十分震撼，用户看呆了……

用户："真的挺神奇啊。"

B："绝对的，无与伦比！"

用户："多少钱？"

B:“1988。”

用户:“1988,差不多2000块了,有点贵啊。”

B:“我们店里也有几百块钱的音箱,但我感觉好东西才是真的物超所值。您买一个世界顶级的音箱,以后两三年你都会经常听,每次听都很开心。假设您一共听500次,合着每次才4块钱。但如果买一个500块钱的音箱,听两三个月就听腻了,每次听还都没感觉,一共听了50次,合着每次10块钱,您看哪个更划算?而且您是老用户了,我给您送一张价值365元的小施服务年卡。”

用户:“好,来一个。”

舞台落幕。

由于前期的铺垫比较到位,尤其是免费服务的过程让用户心怀感激,甚至有点不好意思,所以Pulse的销售过程其实很短,也无比顺畅,用户的满意度还非常高。

即使第二个阶段没有促成Pulse的销售,我们还可以有一些挽回措施,比如有些店面的店长会一直守在店门口,用户进店的时候交由销售人员去接待,用户离店的时候则由店长来送别。如果用户空手而退,店长会问:“先生/女士,我是这个店的店长,您对我们的店面有什么不满意的地方吗?”如果用户只买了主机,没买配件,店长则会问:“先生/女士,我是这个店的店长,感谢惠顾,请问您对我们的服务有什么意见或建议吗?”之后再通过店长的努力,使用户达到第三个波峰,进而促成再次的销售机会。

下面再来分析一个新奇特产品的销售案例。施道成服务的店面引进了一款智能家居产品:冠榕智能家居,主要功能是替换掉家里所有的开关和遥控器,替换路由器,可以用你的手机来开关电灯、电视、冰箱、门窗等,可以进行防盗和煤气泄漏报警,可以看护老人和孩子,甚至帮你喂养被关在家里的宠物。虽然功能很强大,但一开始几乎所有的销售都对智能家居没有信心:咱们都是卖手机的,能卖得了这么复杂的大件吗?施道成的人员分析之后发现,冠榕的产品的确不太适合直接放在店里做零售,因为它是一种工程性的解决方案类产品,价格较高,几万到几十万元一套,需要厂家的技术人员上门安装,用户操作的过程也不是太简单方便。不过也有一个好处,店里都不好卖的产品,网上更难卖,这也就意味着此类产品的价格不那么透明,实体店有运作的空间。

经过一番深入的研究，施道成的人员告诉厂家的人员，要想在专卖店销售冠榕的产品，产品本身必须做出调整，从解决方案的销售转向相对简单的产品的销售，店员可以掌握其销售技巧，用户使用起来也更容易。经过一段时间的改造之后，厂家推出了适合零售店的简易版智能家居产品，一套几千块钱，用户回家自己看着视频就可以安装了。这就为销售做好了铺垫。

怎么能够卖出去呢？首先，除了正常的产品陈列和展示，厂家提供了一套充分显示智能家居强大威力的用户体验环境。其中就有这样一项展示：燃气泄漏报警。现场用一只去掉火石的打火机喷射出可燃气体，智能家居传感器检测到之后，系统立即做出四种反应，第一是关闭煤气阀门，第二是拉响警报，第三是打开窗户，第四是给用户的手机发一条报警信息。用户可以用监控视频查看家里的实际状况，如果有老人、孩子发生事故可以拨打急救电话，或者找邻居、保安去提供帮助。这种展示的效果是非常明显的，慢慢地就有被打动的用户开始接受这个产品。

一段时间后，智能家居产品的销量没有明显的提升，因为大部分用户认为类似煤气泄漏的事件是一种极端情况，自己的家里发生的概率太低，犯不着买个几千块钱的东西回去看着。施道成人员继续研究销售策略，觉得除了这些看得见、摸得着的具体功能之外，还应该有些意识形态的东西来吸引用户，因此提炼出下面的销售话术：

每个人家里都充斥着各种开关和遥控器，你需要开关门、开关电视、换台、拉开或关闭窗帘、调整空调的温度和模式等，越是富裕的家庭开关越多。粗略地计算一下，每个家庭中都有几十上百个开关，每个成年人每天花在开关和找遥控器上的时间有20~30 分钟，一年就是 120 个小时左右，而很多人一年花在读书或运动上的时间都不足 100 小时。用了智能家居（定位就是智能总开关），您就可以每年节省出 100 个小时的读书和锻炼时间。

如果这还不能打动用户，你可以继续往下说：

装了智能家居相当于您的家里雇了一位英式管家，让家里的一切都井井有条，还可以培养您良好的生活习惯，这位管家无比忠诚、废寝忘食、不发脾气、不撂挑子、不吃不喝不睡觉，十年如一日地照顾着您和您的全家，而费用不足管家年薪的十分之一。对您这样的高端人士是必备之选。

这些销售话术抛出之后，智能家居产品的销量明显上升，每个月可以给店面带来几万元的毛利。

最后讲讲服务产品的销售，分析一个十分经典、但尚不为大多数人所知的产品组合案例：贴膜服务年卡。

贴膜是最普通、最常见的配件产品。自从2007年iPhone 1横空出世，手机进入智能、大屏时代，贴膜就开始风靡于世，甚至催生了一个延续至今的产业。据说，闹市区坐在马扎上的贴膜小贩当年可以年入百万。零售店里的贴膜从一开始的三四百一路走低，到一两百、几十块，甚至开始赠送。现在谁还能、谁还敢把贴膜卖出几百块钱的高价呢？答案是有人行。

施道成就造就了这样一个"奇迹"，整出来一个叫作"贴膜年卡"的服务产品，就是把四张贴膜打包在一起，标价398元、298元出售。用户购买贴膜服务的当天给用户贴一张膜，一年之内用户可以有三次回到店面更换贴膜的机会，如果自己用不了，可以转给亲戚朋友使用，每次除了贴膜，还可以再享受三种免费的服务项目，即手机深度清洁、手机安全检测和App安装升级。为了让用户放心，店面会送给用户一张卡，每次服务完了就打一个孔，这就是贴膜年卡。

我们来看看这张卡的神奇业绩。刚开始在店面推广时，几乎所有的新老销售都没有信心，认为这是不可能完成的任务，经过一系列的培训、演练和实战之后，大部分的销售人员都逐渐掌握了贴膜年卡的销售技巧。6周之后，该服务产品的销售渐入佳境。以一家三线城市的店面——威海环翠苹果专卖店为例，2013年6月12日，该店一天之内卖出去11套298元的贴膜年卡，实现毛利2000多元。6月份该店一共售出贴膜年卡160套，毛利3万多元。当时参与贴膜年卡早期销售的6家店面，在2013年6月份共售出贴膜年卡700余套，实现单品总毛利11万元。各位老板，如果这6家店都是您的，那一年之内，这一个产品就可以为您增加毛利120万元！在店面的数量、位置、装修、陈列、人员、产品都没有什么变化的情况下，这120万元都是纯利啊！而且你根本不用担心淘宝和京东的竞争，因为他们卖不了这种服务产品。由此可见，实体店迎战电商，并非毫无胜算，关键是你要抓住两点：一是推出优质、创新的服务产品，二是你的店员有能力把服务产品卖出去。

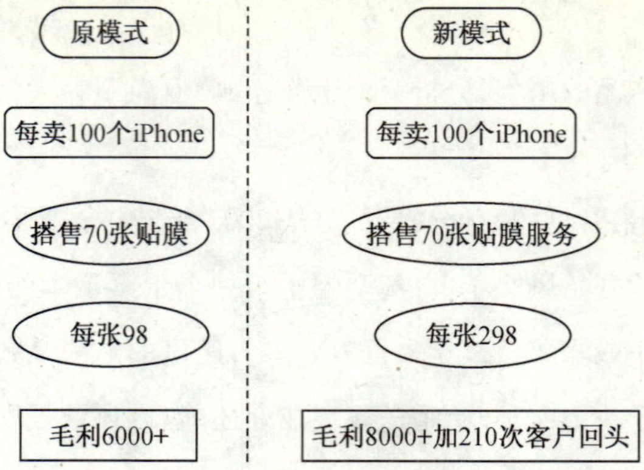

看到这个案例，很多老板肯定眼睛都红了，巴不得马上回去尝试一下。先别急，要实现这个目标，只有服务产品的创新灵感是远远不够的，关键还要看员工的销售能力。我们再详细分解一下贴膜年卡的销售流程。首先，贴膜是一个配件产品，配件产品销售的前提是前面的主机销售过程用户比较满意，这一点怎么实现我们后面还有描述，现在假设已经实现了，可以推贴膜年卡了。

好，开始：

用户在您店里买了一个 iPhone6 Plus，交易完成后，您的店员开始给用户做服务，比如升级 iOS、基础数据迁移、安装常用软件……一边服务，一边跟用户聊天。

店员："先生，iPhone 比较金贵，尤其是这个大屏幕很容易受伤，我们店里每周都能遇到用户屏幕划伤或摔坏来换屏的，屏幕苹果公司是不保修的，一块屏就是 1600 多元，所以大部分用户都会贴膜的，您看您需要吗？"

用户正沉醉在 iPhone 新机到手的兴奋和前期优质服务的满意之中，听到这话脑海中立即回想起之前的一部手机被孩子摔到地上屏幕破损的场景，这次可是 iPhone6 Plus，不能让自己的新机遭受同样的厄运，于是说："你们有什么膜啊，多少钱啊？"

店员继续说："我们店里的贴膜都是原装的高端贴膜，最贵的 598，我也觉得不划算，就不给您推荐了，最便宜的 98，质量稍差点，配不上您的这款 iPhone6 Plus，我觉得您用 298 的摩可钢化膜比较合适。"

用户听了有点上火，马上说："298？这都什么年代了，贴膜还那么贵啊?”

店员不急不忙的说:“是贵了点,不过要保护您这5000多的手机,便宜的贴膜您能放心吗? 我们店的贴膜都是打八折的。”

用户粗略一算,说:“打八折还是200多啊,街上大把贴膜的,不都10块、20块的吗?”

店员微微一笑,说:“那种贴膜根本起不到保护作用,我们老板也从对面的小贩那里买了几张贴膜,老板说了,那些贴膜如果用户有想要的,就送给用户一张,只能送,不能卖,而且不能帮着贴,只能您拿回家去自己贴,因为我们感觉那种贴膜对不住您,我们也不放心。您需要吗? 我给您拿一张?”

用户忙摆摆手:“不用了,可是你们这个也太贵了点了吧?”

店员拿出杀手锏:“嗯,贴膜其实更换的频率比较高,我们最近新推出一种贴膜服务年卡,原价198的钢化膜,现在打包四张一起出售,总价298。您买了之后,今天先给您贴一张,一年之内,您和您的朋友都可以到我们店里,我们再给您贴三次。有一张卡给您带着作为凭证。”

用户说:“这个还差不多,我能一次把四张贴膜都拿走吗?”

店员说:“可以啊,不过一是您自己贴可能贴不好,二是贴膜更新换代挺快的,您来店里我们可以给您贴最新的膜,最重要的是,为了回报您这样的老用户,每次您回来贴膜,我们都免费赠送三种非常实用的服务项目,一是

◆小施贴膜年卡

手机深度清洁，二是手机安全检测，三是最新最好的App的推荐安装。”

用户：“这样啊，那还是放在你们店里吧……”

店员：“还有一种是单张原价298的贴膜，四张打包总价398，您看您要哪种？”

用户：“就要总价298的就行了。”

销售达成。

除了能够产生诱人的直接毛利，贴膜年卡还极大地提升了用户的满意度和忠诚度，此外，用户每年至少三次到店，又可以增加多少其他产品的销售机会呢？

这个过程有几个要点：一是先要获得用户的充分信任再推荐贴膜年卡；二是要让用户想到屏幕损伤带来痛苦，接受贴膜产品；三是店里要有从高到低一系列的贴膜产品供选择，特别贵的贴膜虽然卖得很少，但可以让用户感觉价格中等的贴膜物超所值，品质极差的贴膜也要备货，目的仍然是烘托中档贴膜；四是销售的过程环环相扣，千万不能跟用户争论，让用户自然而然地接受贴膜年卡这个本来销售难度很高的服务产品。

这个案例也可以看出，销售人员的能力是店面赢利的关键。

这一部分讲了那么多，核心思想就是：别人不做的，你要做；别人也做的，你要做到打动用户的程度；别人也能打动用户，你就要震撼用户了。

第三篇

实体零售的互联网化

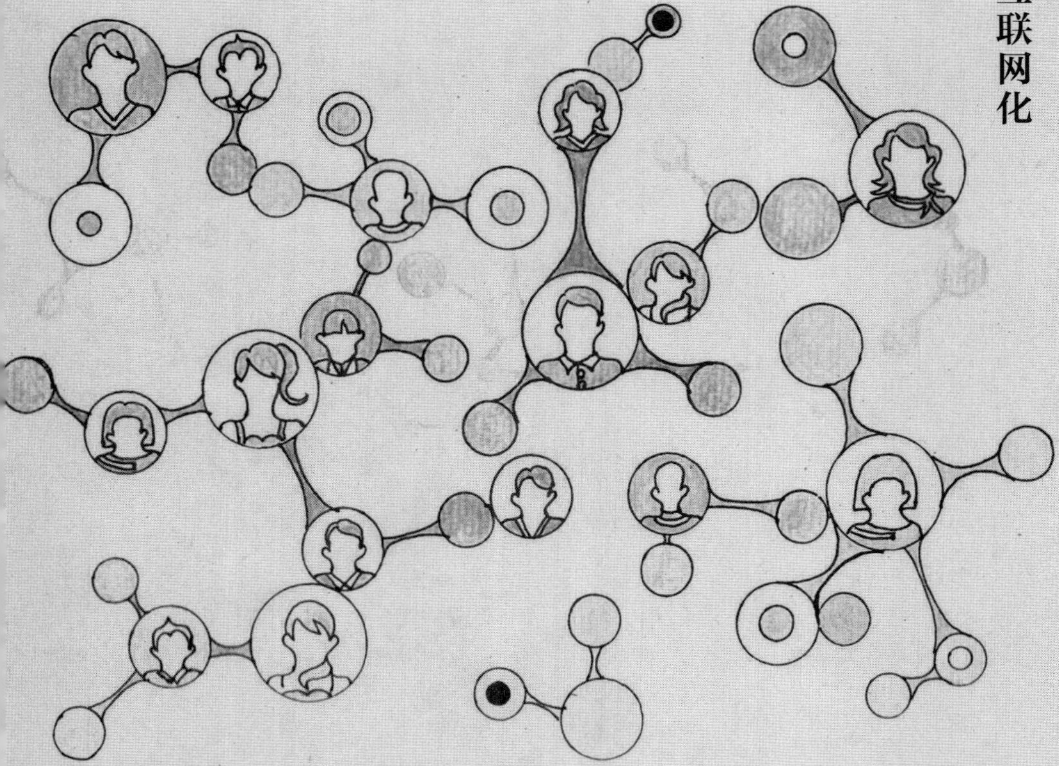

电商是空军，实体零售是陆军，这场战争看似胜负立判，因为从来没见过陆军战胜空军的。然而，战局已悄然发生演化，空军忙着上坦克，陆军急着买飞机。电商和实体零售又回到了同一条起跑线上，而这一次，实体零售看起来信心更足一些。

一、电商日子也不好过

挪用腾讯财经[微博]2015-02-04 16:48 的一个帖子。

北京时间 2 月 4 日下午消息，据彭博社报道，在北京海龙电子城，摊主王宁（化名）一周内连一件产品都没有卖出去。

王宁叹息道："生意要完蛋了，商场里卖家比顾客还多，所有人都在网上购物。"曾几何时，海龙电子城人头攒动，热闹非凡。随着电商崛起，越来越多的摊主选择关门歇业。

根据麦肯锡公司去年 7 月出炉的分析报告，到 2025 年网络革命将为中国创造 4600 万个新岗位，其中不乏高技能职位。与此同时，互联网也会令中国 3100 万个传统岗位消亡，而这相当于英国全部的就业人口。

中国电子商务研究中心主任曹磊表示，互联网的"创造性破坏力"属于全球性现象，但在中国变革的速度和规模尤为突出。曹磊表示："互联网有助于提高生产力和工作效率，却也令传统行业陷入痛苦境地。传统书店纷纷关张，连锁服装店、消费类电子产品卖场、机票预订公司将成为下一个牺牲品，以后银行网点等传统服务设施都有可能被互联网打败。”

在海龙电子城街对面的科贸电子城四楼，李锋（化名）曾经营着一家门店。他表示：“2004 年科贸电子城刚开业的时候，市场里挤满了顾客。过去五年生意每况愈下，网店的冲击力巨大。”如今，李峰已经放弃了实体业务，准备靠向已有的企业用户提供 IT 服务来谋生。在科贸电子城空荡的楼道里，一些店主只能靠打扑克来消磨时间。

京东公司发言人 Josh Gartner 在接受彭博社采访时表示：“美国的传统零售网络依然很强大，但中国消费者长期以来面对着一种古老、低效的实体销售网络，因此会涌向更优质的服务。”

今年 1 月，马云在瑞士达沃斯表示，阿里巴巴已经直接或间接创造了 1400 万个就业岗位。他表示：“如果你想拥有一万名新用户，就必须要打造新的仓库。但对于我来说，两台服务器就够了。”

中国蓬勃发展的电子商务也给房地产商造成了不小的麻烦。上个月，《中国经营报（微博）》报道大连万达掌门人王健林计划关闭全国 10 家购物中心，还要重新规划 25 家万达广场来削减零售空间。去年 8 月，娃哈哈掌门人宗庆后直言网络购物扼杀了实体零售业，将“影响中国经济安全”。

自 2012 年以来，体育服装巨头李宁公司已经关闭了过千家零售门店，在广州，逾 300 家批发市场已经奄奄一息，尤其是布料和服装市场，其中最大的批发市场原本可以容纳上千家店铺和上万名就业人员。

中央财经大学中国互联网经济研究院副院长欧阳日辉表示，新旧经济体之间的冲突将会加剧，实体零售业的消亡仅仅是新技术的初步影响。对于中国而言，在大多数制造业变为自动化的时候，真正的挑战才算到来。

2015 年 9 月 21 日，中国“互联网+产业”智库、国内知名电子商务研究机构——中国电子商务研究中心发布的《2015 年中国电子商务市场数据监测报告》显示，2015 年上半年，中国电子商务交易额达 7.63 万亿元，同比增长 30.4%。其中，B2B 交易额达 5.8 万亿元，同比增长 28.8%。网络零售市场交易规模达 1.61 万亿元，同比增长 48.7%。

看完了电商们光鲜的一面,再来看看他们,尤其是那些中小网店的另一面。电商最大的杀招就是价格了,他们卖这么便宜真的可以赚钱吗?他们的成本真的可以这么低吗?根据网友邓长军(网络营销员)发布在百度文库中的一份材料《电商平台成本核算》来分析,大部分网店主都在赔本赚吆喝。

平台 费用	天猫	京东		苏宁易购	当当网	亚马逊	
技术服务年费	60000	6000		0	6000	0	
保证金	50000	10000		30000	10000	0	
佣金/扣点	5%	FBP/LBP/SOPL 7%	SOP 8%	5%	4%	自主配送:10%	亚马逊物流仓库:平均 11.7 元/单(0.8+7.8+3+0.1)
其他费用	买家返点 0.5%-1%	-		①消费者保障金 0.1% ②易付宝使用费 0.4%-0.6%	-	-	
平均税率 4%	普票 3%-4%(一般为个人行为购买,要求开票率为 50%)						
产品成本	12	12		12	12	12	
包装材料	1	1		1	1	1	0
人员工资	2.8	2.1	2.8	2.8	2.8	2.8	2.1
摄影道具/拍摄	0.1=1000 元一款/10000 个						
办公耗材/电费	0.1						
仓储成本	0.2	0.1	0.2	0.2	0.2	0.2	0.1
快递物流	6	5+1 ①	6	6	6	6	1 ①
利率通胀②	0.15	0.1		0.1	0.1	0.1	
推广成本③	较大(无法估算)约 6.1 元/个	一般(无法估算)约 4 元/个		较少(无法估算)2 元/个	较少(无法估算)2 元/个	较少(无法估算)2 元/个	
收支平衡④	24.6+6.1=30.6	24.3+4=28.3	24.9+4=28.9	24.5+2=26.5	24.2+2=26.2	25.5+2=27.5	28.3+2=30.3

这份材料是以 A046B 产品(一个玻璃茶具)为例,以每月销量 1 万个为基数来进行分析的。电商团队为 7 人,其中推广兼数据分析及主管 1 人、美工兼跟单 1 人、客服 3 人、品管兼打包发货 2 人。上表中有四个说明:

①发货到京东/亚马逊各仓库的物流费平均 1 元/个,快递费平均 6 元/个,不含新疆、西藏等省份。

②利率通胀指的是平台使用费、保证金及货款结算周期应该产生的收益。

③推广成本为软性成本,不好精确估算,只能粗略估计。比如天猫,行业平均转化率为 3%,每月成交 1 万个需要大概 34 万的访问量,付费推广点击量占总访问量的

30%，每次付费推广点击均价 0.6 元，所以：(34 万×30%×0.6)/1 万=6.12 元/个。

④收支平衡：每月单个平台的总销量大于 1 万个，才能收支平衡，少一点就赔了。

有多少网店能每月销售 1 万个 A046B？大部分只能打碎牙往肚里吞了。

◆A046B 产品：新款玻璃茶壶

单从电商和实体店自身的角度来分析它们的优劣其实没有太大意义。关键还是看消费者如何看待它们。实体店发现，它们目前面临的最大挑战不是电商比它们便宜，比它们方便，而是消费者已经形成的“网购习惯”。也就是说很多消费者在有购物需求的时候已经习惯于上网去搜，而不是到店来看了。哪怕是实体店不断地降低价格，提升服务，能吸引到的消费者也越来越少了。这种消费习惯的转变电商仅仅用了十多年的时间，就把过去几百年的固有模式彻底击穿了，这不得不引发实体零售业者的深思：我们到底做错了什么？其实答案很明确：以往的实体零售没有提供消费者需要的独特价值。电商出现之前，消费者已经给了实体店无数的机会，但我们没有抓住，没有做好，没有形成用户对我们的依赖。电商一出现，用户就跑了，这能怪电商吗，能怪消费者吗？所有的罪都应该实体店自己扛。

电商击溃实体店，靠的是构建与实体店的差异化，而现在实体店要想挽回败局，也必须从建立与电商的差异化上来解决。

实体店应对电商，首先应该从服务好现在还会进店的客人做起。这样不但能留住这些忠诚的老用户，还能借助他们的传播，影响更多的用户。现在还会进店的客人一般分为以下五类：一是更相信实体店的客人；二是产品遇到问题，需要服务的客人；三是想到店里来体验、试用一下，准备回家再上网去买的客人；四是被电商伤害过的客人；五是偶尔经过实体店，进来随便看看的客人。不管客人是出于什么目的来到店面，店员都应该充分珍惜和尊重，施展浑身解数打动客人，制造本次成交或者今后成交的机会。店面好不容易来了一个客人，千万不要有一定要将其拿下的冲动，这样客人实在是伤不起了，不管成交与否，留个好念想是第一位的。很多老板或店长抱怨现在没有客人来，想方设法地去做引流，其实这是在舍本逐末，因为引流的代价是很高的，即使你能够引来客流，这些客人也仅仅是为了你的某个促销、某个礼品而来，是对你持怀疑态度的。这次来了，赚点便宜就走了，根本就留不下，而如果你服务不好，造成的伤害更大。因此，首先必须服务好每一位主动到店的客人。

实体店应对电商，要从用户体验上下功夫。电商是不是给了用户更好的体验呢？是，也不全是。电商提供的最佳体验是方便和便宜。但方便恰恰是牺牲了购物过程中的体验换来的，便宜则是硬撑得来的，电商的成本一点不比实体店低。除此之外，电商在用户体验上还有诸多短板。

(1)电商的售前服务比较薄弱。什么是售前？就是根据客人的喜好和实际需求有针对性地提供购物的建议。比如年龄、收入和受教育水平、性别等的不同必然决定每个人对于手机的品牌、外观、功能和价格的喜好和侧重点不同。店面的导购可以凭借经验推荐适合客人的手机或者数码产品。电商一般通过对消费者浏览和交易数据的分析，给出产品的推荐意见，但这和专业人员比起来还是有很大差距的。

(2)对于不同品牌不同型号的手机客人可以在店面进行直观的比较，而不是在电商平台生硬的对比参数，购物消费很多时候感性是大于理性的。

(3)眼见为实，实体店最直接的优势是顾客先体验试用，然后对比实物进行挑选，最后进行现场服务，这些都是电商做不到的。

(4)顾客对于新商品的了解和功能使用方面并不专业，在实体店除了能获得手把手教授使用技巧之外，还能得到手机初始化、基础数据迁移、App 推荐安装、手机使用技巧培训等各种服务。

(5)电商和实体店客人的忠诚度不同。用户来到实体店，会因为售前、售中及售后服务的体贴而被打动，从而建立起对该企业、店面或者店员的认可，以后还会选择这里。而选择电商平台购买商品的客人很多是谁家便宜去谁家买，可以说基本没有忠诚度。

(6)电商的购物过程本身也是一个消费者个人隐私的暴露过程。个人信息、联系方式、支付账号、家庭或单位地址这些信息的暴露会触发越来越多的不安全感。

(7)从电商买了产品,多数情况下还是要到实体店接受服务,所以电商的客人迟早还是实体店的。

实体店应对电商,应该强化场景设计和专业服务。场景设计要求实体店必须注重店面的装饰与清洁、产品陈列、新奇特产品的展示,让店面富有科技感,引领潮流。要求店员能够有效地与用户互动,包括现场的和线上的互动。还要有专业的销售员引导用户去探索新的应用,好玩的 App 或者根据用户需求推荐给他一套基于生活工作的应用解决方案 App,让用户感觉到有趣、有益。专业化的服务要求实体店能够把服务产品化。无论用户从哪里买的产品实体店都应该提供优质的服务。同时要开发出一些服务类产品。比如年度服务、屏幕损坏保险、一对一私教、上门服务等。

实体店应对电商,除了亦步亦趋的发展线上销售渠道之外(这么做只是以自己的短处去拼别人的长处,成功的例子十分罕见),关键还是要提高进店率和成交率这两个指标。

进店率要看老用户和新用户的各自表现。

电商没来之前,是实体店的繁荣时期,那时候虽然有同行的竞争,但毕竟都是蚂蚁对蚂蚁、大象战大象,势均力敌,没什么惨烈景象。因此,零售商们相对安逸,老板们只负责投资开店、进货收钱,店长们只会开开晨会、喊喊口号,店员们只管站台接客、讨价还价。每天大家都还能过上不错的日子。电商一来,拉走了一大半的客人,实体店这才发现,原来自己根本没有老用户,更别说忠诚的老用户了。连原来每天都来买报纸的王大妈都学会刷朋友圈、逛淘宝了。原来的舒服年代没能抓住用户的心的实体店只会是死路一条。原来有些老用户的积累,现在给老用户打打电话、发发微信人家还能来的不但能活下去,而且可以越活越滋润。

实在没有老用户的,就只能拉新(用户)了。可能的手法无非是:

• 店面的形象提升。

• 让店里的客人更长时间待在店里,以营造热火朝天的景象。

• 门口的广告牌和迎宾。

• 促销活动的传单和线上广告。

• 店外活动的组织。

• 以老带新（抱歉，忘了你没老用户了）。

为了拓展新用户，实体零售人员不能再固守只能在店里卖、只会在上班时间卖的条条框框。等在店里只会饿死，必须走出去主动迎战。在店面门口搞个促销，到周边社区做个发布，把传单送到千家万户，让信息流遍社交平台，下班后见到每个潜在用户都递送名片，每个老用户的生日都送上祝福……

下面，我们花点时间向“世界最伟大的销售员”乔·吉拉德致敬：

乔·吉拉德创造了5项吉尼斯世界汽车零售纪录：

• 平均每天销售6辆车；
• 最多一天销售18辆车；
• 一个月最多销售174辆车；
• 一年最多销售1425辆车；
• 在12年的销售生涯中总共销售了13001辆车。

乔·吉拉德的推销业绩如此辉煌，他的秘诀是什么呢？

(1)250定律：不得罪一个顾客。在每位顾客的背后，都大约站着250个人，包括他的亲戚、朋友、同事、邻居。你只要赶走一个顾客，就等于赶走了潜在的250个顾客。由此，乔得出结论：在任何情况下，都不要得罪哪怕是一个顾客。

(2)名片满天飞：向每一个人推销。乔认为，每一位推销员都应设法让更多的人知道他是干什么的，销售的是什么商品。这样，当他们需要他的商品时，就会想到他，他就有可能得到更多生意的机会。

(3)建立顾客档案：更多地了解顾客。乔说：“不论你推销的是任何东西，最有效的办法就是让顾客相信——真心相信——你喜欢他，关心他。”如果顾客对你抱有好感，你成交的希望就增加了。要使顾客相信你喜欢他、关心他，那你就必须了解顾客，搜集顾客的各种相关资料。

(4)猎犬计划：让顾客帮助你寻找顾客。乔的一句名言就是：“买过我汽车的顾客都会帮我推销。”1976年，猎犬计划为乔带来了150笔生意，总交易额的三分之一。

(5)推销产品的味道：让产品吸引顾客。乔认为，人们都喜欢自己来尝试、接触、操作，人们都有好奇心。不论你推销的是什么，都要想方设法展示你的商品，而且要记住，让顾客亲身参与，如果你能吸引住他们的感官，那么你就能掌握住他们的感情了。

(6)每月一卡：真正的销售始于售后。乔说过："我相信推销活动真正的开始在成交之后，而不是之前。"推销是一个连续的过程，成交既是本次推销活动的结束，又是下次推销活动的开始。推销员在成交之后继续关心顾客，将会既赢得老顾客，又能吸引新顾客，使生意越做越大，用户越来越多。

以上出自百度百科"乔·吉拉德"

每一位销售人员都应该向乔·吉拉德学习和致敬，把销售看作每时每刻的心结，做成终身热爱的事业。

所以，实体店引流的方法就归结为一句话：从坐商变为行商，从静商变为动商，走出去、走上去、走进去。

说实话，在提升进店率这个话题上，实体店真的是没有太多好办法，手段比电商矮一大截。因此，把握好每一位进店的客人，提高成交率才是正道。

用户习惯与电商比价是实体店成交率下滑的关键因素之一。如何应付呢？首先，你应该告诉用户，根据经济学原理，用户为某件产品付出的成本等于用户在购买和使用该产品的过程中付出的成本总和，而不单单是产品的价格本身。比如春运期间的火车票，看似和平时一样价格，但你购买过程中的彻夜排队和坐车时的拥挤不堪就是你多付出的成本，就相当于火车票大幅提价了。用户接受了这个观点，你才好给他做深入细致的分析，比如像下面这样：

店里来了一客人，想买 iPhone 6s，前面都很顺利，到了讨价阶段：

客人说："为什么淘宝 4688，你们这里 5288？"

店员："先生，这么贵的产品，您会在淘宝上买吗？"

客人："淘宝上也许不会，不过天猫、京东、苏宁易购还是可以信得过的吧。"

店员："先生，您说的很对，淘宝上假货太多，深圳华强北每天都出几万部水货和二手翻新的 iPhone。如果你要网购的话，我们推荐天猫和苏宁，那里买到行货的几率大一些。咱们查一下天猫的价格……你看看，4888，只比我们便宜400。”

客人:“400也不少啊。”

店员:“您网购的机器是裸机,除非您对iPhone特别在行,否则还得到我们店里来做服务。我们的价格里面是包含了免费服务的。如果您愿意,我们可以裸机4888出给您,服务单独收费,每年398。”

客人:“这样啊……”

店员:“电商卖的便宜,很多是因为假货横飞,如果同样是行货,那也是因为他们提供的服务少,我们这么多人给您做服务,肯定得产生费用不是。我们现在新推出了一种‘小施服务年卡’,您可以一年内不限次数到店里享受免费服务,比如手机激活、Apple ID注册、软件下载、软件更新、系统升级、数据备份、刷机等。还会成为我们店里的会员,免费使用我们的会员专享服务平台‘小施’,您可以指定自己的服务专员、进行服务预约、在线查看产品、了解产品使用技巧、解答问题、投诉建议等,价格365元。”

客人:“365,那不又多了很多钱吗?”

店员:“您在我们这里买手机,我必须送您一张365元的小施服务年卡啊。”

客人:“这么算算,和网上价格差不多了,在你们这里买还是更放心一点,以后找你们也方便,那就这么定吧。”

店员:“还是您明智!”

实体店应对电商,价格是绕不过去的话题。即使可以有前面的各种说法,但大部分用户仍然不会买账。此时只有一招可选,那就是降价。看到这里,各位看官可能要说:你疯了,我要是能降价还可以赚钱不早降了?各位别急,我说的是有策略的降价。超市打击菜市场,其实采用了一个“鸡蛋大米策略”,也就是说超市会销售几个品种的特别便宜的鸡蛋或大米,价格比菜市场还便宜。因为鸡蛋和大米是千家万户的必备商品,即使不买,也会关注一下价格。客人一看,这超市的鸡蛋和大米比菜市场还便宜,就会形成一个超市总体上更便宜的错觉,从而吸引客人到超市购物。但你不会每次只买那几款便宜的鸡蛋和大米啊。当客人推着内有几个便宜鸡蛋的一车子商品离开超市的时候,客人很满意,超市很赢利。这和前面说的麦当劳通过汉堡吸引客人,通过可乐薯条赚钱的逻辑是一样的。3C产品实体店的鸡蛋和大米是什么呢？只能是主机。只有主机足够便宜，消费者才会来，谁也不会只是为了买个便宜的贴膜专门到你店里来。主机不盈利，客人来了之后通过高端配件、服务产品产生利润，这也是棋高一着。因为电商是很难卖高端配件和服务产品的。当然，前提是你的店里有这些高端配件和服务产品，而且，你的店员可以把它们卖出去。

用户的需求越来越个性化、多元化、娱乐化，实体零售企业必须抓住这个契机，反击电商的冲击。部分大型购物中心已经率先垂范，比如兰州义乌商贸城在二期引入众多新的业态，一楼引进便利店、水吧、饮料吧、甜品店、蛋糕房、烘焙屋等业态；二楼引进休闲茶楼、敞开式简餐吧等业态；三楼以上拟引进儿童体验中心、儿童手工制作坊、电子产品体验中心、儿童淘气堡等更适合周边环境的新业态。以后这些实体业态卖的不单是商品了，而是一种服务、一种体验、一种生活方式，购物中心变成了生活场馆。

一些超市也给用户带来了全新的体验。深圳金光华广场里的百佳TASTE超市，在市民眼中它是一个走高端路线的特色化超市，为了与其他超市形成差异化，打造独特的个性气质，它在营销上采取了非常多的体验营销来吸引顾客的注意力，提升她们的消费黏性。比如TASTE所举行的“新加坡食品品牌展”成为本地零售业的焦点。与之前其他超市纯粹举行美食品尝会不同的是，这次百佳超市联合了电视台的美食节目一起“搞搞新意思”。在场内商家搭建了一个简易的录影棚，大厨们一边介绍新菜式一边在超市里挑选新鲜的食材，体验感十足。由于这种在超市里录制电视美食节目的点子太吸引人，不少正在购物的师奶们都围过来观看，有的还按照大厨开出来的食谱按图索骥，超市里立刻热闹非凡。据店员反映，这种做法的确带来非常高的吸睛度，不少家庭每次都按照录制的时间前来等候，而且最近的生鲜产品和调味料产品销量提升很快。而营销人员则表示，已经开始着手设计将在场内拍摄美食节目作为噱头进行推广。无论对超市还是对本地电视台来说，强强联手跨界合作带来了不俗的效果。

◆TASTE 超市

◆TASTE 品味超市

◆TASTE 超市生鲜

借鉴这些实体零售大佬们的经验，3C 产品实体店也有很多功课可做。比如在店面设置休闲区，让用户可以坐下来喝杯茶。有些大型店面甚至增加了咖啡吧和书吧的配置，让用户更长时间在店里流连。更重要的是设置体验区，比如体感游戏体验区就对大人、孩子都有很好的吸引力，智能家居体验区则科技范十足，平衡车和无人机的体验也收到良好的效果。这些都是电商无法企及的。

互联网并非电商的专利，而是现代商业的基础设施，实体零售行业照样可以利用互联网插上腾飞的翅膀。马云说过，电商是空军，实体店是陆军，向来都是空军击败陆军，从来没见过陆军战胜空军的。但如果实体零售有了翅膀，那就可以用陆军加空军的组合战术来击垮单一的空军了。

互联网+实体零售并不是说让实体店都去开网店，实体店和网店是两个不同的物种。驴再怎么努力也变不成马，顶多变成骡子，力气虽然大了些，但还是跑不过马，而且还绝后了。互联网+，“+”的是什么？“+”不是传统行业，而是用户需求，是利用互联网思维重新审视某一类用户的某一种需求，并以一种创新的模式去更好地满足这种需求。

互联网+的说法，总让人有 A+B 两层皮的感觉，“互联网+实体零售”应该称为“实体零售的互联网化”，也就是把互联网科技、互联网思维内化到实体零售之中，变成身体的一部分，而不是外在的一个工具。内化的方法就是重新定义用户、重新挖掘需求、重新设计入口、重新审视体验。

二、变客户为用户

做实体零售的谈到消费者，一般都称为“客户”，天天想着怎么留下客户信息、做好客户服务、增加客流量等。而互联网行业呢，一般都称为“用户”，总想要挖掘用户需求、提升用户体验、提高用户留存率等。客户和用户有什么区别呢？

很多情况下，客户和用户是一个意思，我们也很少去深究。如果深究一下，就会发现，这其中藏着心智模式的巨大差异。

简单地说，客户是购买产品的人，用户是使用产品的人。如果消费者买个手机自己用，那他既是客户，又是用户；如果他买个手机送给老婆，那他是客户，他老婆是用户。

客户和用户是同一个人的时候，同样重要。但客户和用户不是同一个人的时候，谁更重要呢？还举那个男士给老婆买手机的例子。用客户思维对待这位男士，最重要的是要做成这笔生意，而且尽可能地赚更多的钱。因此推荐产品时肯定推荐最贵的，iPhone6 Plus 128G。一个劲地说这是市面上最好的手机了，买回去老婆大人肯定满意。但如果换成用户思维来采取行动，就要考虑如果用户（那位男士的老婆）的手比较小，天天双手拿着个 Plus 操作很不方便，体验就不会好。用户体验差了就会对客户抱怨，那客户下一次再来的机会就失去了。因此，推荐 iPhone6 才是正确的选择。也就是说用户思维要比客户思维更重要。

客户和用户的差异远不止此。

客户更关注产品的价格以及获取产品的渠道，用户更关注产品的价值以及获得价值的过程。因此，拥有客户思维的商家只会为客户提供他想要的产品，并且讨价还价，遗憾的是，不管是产品的丰富度还是价格，实体店都比电商差了一大截。而拥有用户思维的商家则从消费者角度出发，为其推荐更合适的产品，并充分展现产品对于消费者的价值。比如，给一位喜欢财经节目、经常开车的用户推荐“喜马拉雅”App，给一位喜欢写作的用户介绍微信的“语音输入”功能，给一位股民用户推荐“同花顺”

“大智慧”手机应用等。手机的价值不在于手机本身，而在于其中丰富的功能和应用，你替用户充分挖掘了他需要的价值，用户就不会对价格过分敏感了。

客户思维是告知和了解的思维，用户思维是打动和信任的思维。具有客户思维的店员只会介绍产品性能，背产品参数，不管对什么客户都是那一套销售话术，认为客户了解了产品就会购买。具备用户思维的店员则首先建立用户信任，然后深挖用户需求，思考到底什么样的产品，产品的哪些特色亮点可以打动用户。最终打动用户的可能不是产品本身，而是店员的专业、敬业和替用户着想的行为方式。这样，即使用户这一次没有买到心仪的产品，下一次有需求还会到我们的店里，还会找到那位店员继续沟通。不管是否成交，他们都已经充分认可了店面和店员，形成了长期稳定的关系。

客户购买产品是一个瞬间动作，而用户使用产品则是一个长期行为。购买是我们和客户关系的结束，同时又是和用户关系的开始。之前，我们的注意力总是放在如何把客户拉进店里，如何让进店客户产生消费，这就是典型的客户思维。今后，我们需要想用户在起床、洗漱、就餐、上下班途中、上班期间、休息时间、睡觉前怎么样才能与我们产生接触，想用户在家里、办公室里、公园里、咖啡店里如何使用我们的产品和服务，这样才是以用户为中心。

把消费者看作客户，意味着你总想着怎么让他买东西；把消费者看作用户，意味着你要把他当朋友，要花更长的时间、更多的精力和他在一起，不但关注他的购买体验，而且关注他在售前、售中、售后的全部体验。

这就是互联网思维的核心：用户思维。恳请各位零售同人以后摒弃“客户”，拥抱“用户”！

三、把握用户需求

谈到需求，我们一般都会想到马斯洛模型，想到显性需求和隐性需求。

3C 产品零售企业应该为用户提供哪些服务呢？本着以用户为中心的原则，需要先看看用户需要哪些服务，也就是用户有哪些需求。根据马斯洛的需求层次理论，用户的需求主要分为以下五个层次：

- 第一层次：生理需求，包含呼吸、水、食物、衣物、住房、睡眠、生理平衡、分泌、性等。
- 第二层次：安全需求，包含人身安全、健康保障、资源所有权、财产所有权、道德保障、工作保障、家庭安全、摆脱控制等。
- 第三层次：情感和归属的需求，包含爱情、友情、心情愉悦、归属、关心照顾、忠诚等。
- 第四层次：尊重的需求，包含自尊、受人尊重、尊重他人、自信、成就、社会承认、独立、地位、高度评价等。
- 第五层次：自我实现的需求，包含适应环境、有创造力、胜任工作、发挥潜能、实现理想、成为自己所期望的人等。

3C 产品零售过程中，主要应该着力满足用户的第三、第四和第五层次的需求。比如说用户有享受“爱情”和“友情”的需求，可能是为自己的爱人或朋友购买产品或寻求服务，这与自己消费有一定区别，销售人员应该善于分辨，把握用户心理。再比如用户需要有一种“归属”感，消费高档电子产品的人会感觉自己隶属于高端人群，销售人员要注意强化用户的这种感觉。还有“独立”，有些用户追求时尚和个性，不必对他说谁谁谁刚刚买了多少多少某产品，别人都有的东西也许不是这个用户想要的。以此类推，对用户的每个需求都进行认真细致的分析，在与用户接触的各个环节中努力满足用户的这些需求，用户就会拥有超越期待的完美体验，而您的店面就会有超越预期的完美表现。

用户体验是一点点积累起来的,通过零售企业和用户接触的各个点的表现,逐步给用户一个完整鲜明的印象。主要的接触点包括媒介宣传、当面交流、网络交流、电话交流、产品使用、店面氛围、售后服务等,形成了用户的所看、所听、所触、所感、所想等全方位的体验。具体分析如下表所示:

用户接触点	对用户的价值	对零售商的价值
媒介宣传	媒体广告或朋友的口碑让用户对零售商有一个初步了解	挖掘更多潜在用户
门店氛围	感觉更加轻松、舒适	用户停留时间更长,产品销售机会更多
导购	买到更适合自己需要的产品	形成更多的销售
网络、电话营销	更加便捷地获得产品	拓展销售渠道
产品使用指导	更好地使用产品	增强用户对产品的黏性,促进更多销售
产品维修保养	消除不便	增强用户对门店的黏性,服务收费
用户关怀	用户体验超越期待	增加用户对门店的忠诚度

用户需求分为显性需求和隐性需求。显性需求就是用户直接告诉你,或者你可以很容易看出来的需求;隐性需求就是用户不愿意、不好意思或者说不清楚的需求,但这才是用户真正的需求。就像那个有名的例子:用户要的不是0.5厘米的钻头,而是0.5厘米的钻孔。销售人员必须善于挖掘用户的隐性需求,才能做出超越用户期待的服务。我们再举一个具体的例子:某男士想为自己的岳母买一部手机。表面上看,这位男士的需求就是买一部手机,但稍微往深处想一下就会想到:他真实的动机是想讨好自己的岳母,所以买的东西能让岳母高兴就是对的,至于买什么手机,甚至买的是不是手机都不是那么重要。再往深处想一下,你会明白:其实他更深层的动机,是想让自己的老婆开心,让老婆感觉自己很有孝心,时刻为老婆家里人着想。让老婆开心其实有很多方式,只不过他这次选择的是给岳母买手机的方式,你用其他的手段也可以帮用户达到这个目的。继续往深处想,你才恍然大悟:用户让老婆开心的目的是想让老婆对自己好一点,从而让自己感觉更幸福。因此,你让用户感觉到幸福,就满

足了他的隐性需求。

任何人做任何事的动机都可以这么一层层地深挖。而且基本上深挖到最后，都是让自己幸福。哪怕是你给了乞丐1块钱，目的也是让自己感觉自己有爱心，被需要，这样你就会更开心一点。店员的一切行为都应该围绕让用户感到幸福来展开。

要想让别人幸福，首先自己要幸福。幸福是一种能力，是可以培养和造就的。幸福的人其实并不是比别人有更多值得幸福的理由，而是他们善于发现并传播正能量。当然，只是单纯的教育员工要幸福是不够的，作为老板你还要创造更多让员工感觉到幸福的条件。海底捞的老板张勇就是通过“善待员工”来让员工“善待用户”的。

问题是上述需求都是在产品不那么丰富的年代，用户很清楚自己想要什么的时候的需求，也可以称之为“确定性需求”。但现在消费升级了，到了产品极大丰富的时代，很多用户搞不清楚自己想要什么，感觉什么都有了。

消费升级并不是说用户都去买更贵、更好、更上档次的产品，而是说用户想买得更“放心”、更“开心”，更有“分别心”。淘宝假货横行所以马云才搞了个天猫，因为淘宝让用户不放心；罗辑思维卖的书都不打折，用户还愿意“上当”，是因为老罗“死磕自己，愉悦大家”，罗胖的用户都开心了。“分别心”一词来自佛法。佛教认为，人世间的一切烦恼和痛苦都来源于人的分别心。由此可见，分别心是根深蒂固地存在于人们的脑袋和心灵之中的。分别心就是想让自己与众不同，刷存在感。同样都是一本书，但如果作者给您提个字，说“某某某惠存”，那感觉立马就不一样了。

消费升级之后，用户的很多需求就不再是确定性需求了。与“确定性需求”相对的不是“不确定性需求”而是“潜在需求”。需求不确定意味着你完全无从把握。而潜在需求则意味着尽管用户不清楚自己想要什么，但当你把一件产品放在他面前的时候，他会说：“哇，这就是我想要的。”

一个好的销售，不但要善于挖掘用户的隐性需求，更要善于挖掘潜在需求。

四、拓展用户入口

入口是搞互联网的人精们经常挂在嘴边的一个词。意思是说怎么能让更多的用户接触到你的产品或服务。

对于实体零售来说，原来入口就那么一个，就是你店面的大门，不管你的店有几个门，都是远远不够的，因为进门的用户越来越少。

你在店前的马路边搞个促销活动，入口就增加了；你到附近的小区发发传单，入口也增加了；你建一个用户的微信群，入口大幅增加；你写一个很好的文案，形成病毒式传播，文案后面带着你微信群的二维码，那入口就爆发了……

有了更多的入口，就极大地增加了接触用户的可能性。下一步就要考虑如何转化的问题。实体零售行业总结用户转化过程，通常用下面的"一量五率"图表示：

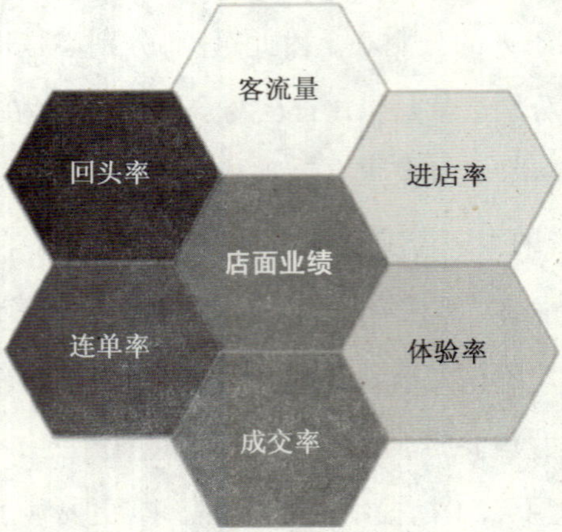

这里的客流量是指从你店面门口经过的人。

进店率就是实际进到你的店面的人数/客流量。

体验率就是对某个具体产品感兴趣并进行了了解或试用的人数/进店人数。

成交率就是产生购买的人数/进店人数。

连单率就是一次性购买多件产品的人数/总的购买人数。

回头率就是多次购买的人数/总的购买人数。

这张图还仅仅是在店面里面做文章，还是传统零售的思维。换成互联网的思维应该是下面这张“一数七率”图：

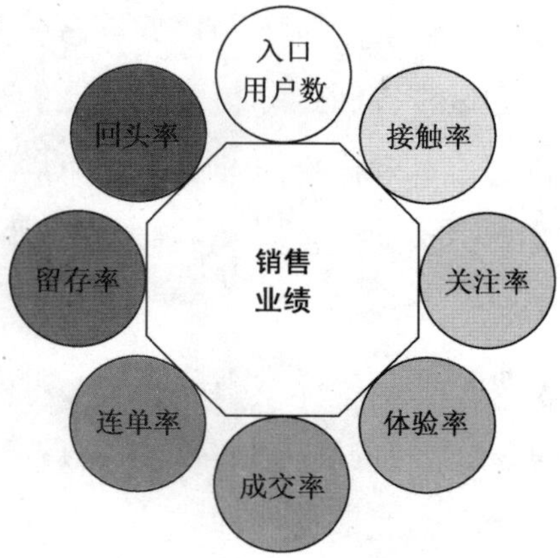

这张图大家一看就明白了，不多啰唆。

但入口不能解决流量的所有问题，还有一个价格因素挡在那里。

早先，零售老板最看重的是销售额，目前，大部分老板最看重的是毛利，有毛利才有钱赚，这个无可厚非。但互联网来了，带给实体经济的一个最大冲击是毛利率为0。毛利率为0表现在软件产品上就是免费，表现在硬件产品上就是BOM价。

免费的目的不是做公益，而是增加流量，通过其他方式赚更多的钱。流行的免费赚钱方式有两种，一种是百度，用户免费，广告商掏钱；另外一种是QQ，普通用户免费，增值用户掏钱。

厂商都已经给直接消费者BOM价了，咱们这些做渠道的还有没有可能维持高毛利呢？对此问题有两个答案：

第一个答案是咱们虽然也可以做到0毛利，但完全没有必要这么做。

罗辑思维其实是这个答案的一个背书。罗胖卖的书都是不打折的，卖的月饼和文具都是贼贵的。当然前提是罗辑思维在选品和销售模式上的独到之处。他卖的书都是相对冷门的，而且一段时间内独家销售。而罗胖每次的演讲都是某本书的超级销售话术。用户多付的钱，其实不是产品毛利，而是打赏罗胖的。要享高毛利，得有真本事。

另一个答案是有可能，也必须朝这个方向走。理由是厂商都0毛利了，渠道商维持高毛利短期内是可以的,长期看肯定不行。那怎么办呢?第一步是主机毛利率为0,通过配件赚钱,这个已经有人在做;第二步是大部分低端配件毛利率也为0,通过高端配件赚钱,不知道这个谁敢尝试;第三步是所有产品都免费,通过服务赚钱。

也就是说把产品和服务分开。产品都是厂商的,厂商都不打算通过产品赚钱了,我们也没法通过产品赚钱;但服务是我的,我赚服务费天经地义。

中国的消费者越来越追求品味和体验,中国的劳动力成本越来越高,服务的价值会越来越凸显,或者说越来越值钱,实体零售通过赚取服务费而不是产品差价来生存和发展的路子也会越来越宽广。

如果有人说,我只要免费的产品,不要收费的服务。那对不起,你就不是我的用户,你去找电商吧。愿意为服务买单的用户才是我们的真正用户,我们需要通过社群的形式把他们聚拢起来,这就是“社群零售”的真正含义。

这两个答案哪个是正确的,或许很难定论,都值得去探索,让用户给出最终答案。其实细想一下,殊途同归,就是看把毛利加在产品上,还是服务上。赚到钱是硬道理。

五、到底什么是体验

同样一盘土豆丝，在街边店要价 10 元，用户觉得很正常，在五星级酒店要价 30 元，用户也觉得很正常。因为用户感觉五星级酒店的环境和服务值这个价。那为什么同样一款手机，在实体店要价 3288 元，在网店要价 2888 元，用户就觉得实体店太贵了，必须从网上买呢？因为用户没有感受到实体店的环境和服务值这个价。

零售是典型的服务行业，提供的价值是服务，而非产品，因为产品是厂商提供的。那你的服务究竟体现在哪里呢？怎么样让用户愿意为你的服务买单呢？

把服务从产品中剥离出来，单独设计、单独提供、单独收费。这是零售行业唯一的出路。这一点不只对实体零售适用，对于网络零售同样适用。很多小姑娘从网上买衣服也不是谁家便宜就在谁家买，很多人认为就是因为那家的小二很热情，讲解很专业，退换货很方便，所以才从那家买，就是这个道理。

什么是服务？这个早已被大家用烂的词却始终是零售行业最为重要却是一直被忽视的名词。作为一个零售店老板，你必须对它有深入骨髓的理解。

这里，我们稍微卖弄一点理论。服务是借助某些产品或设施设备向消费者提供的，满足其某种需要的一系列活动。服务和有形产品相比有如下的不同：

有形产品	服务
• 有形	• 无形
• 同质	• 异质
• 生产、传递与消费过程分离	• 生产、传递与消费过程同时发生
• 一种物体	• 一种活动或过程
• 核心价值在工厂中生产	• 核心价值在与用户的交互过程中实现
• 通常顾客不参与生产过程	• 顾客参与生产过程
• 可以储存	• 无法储存
• 牵涉到所有权的转移	• 不牵涉到所有权的转移

有形产品(后面简称“产品”)是看得见、摸得着的物体,也就是有形的;服务是看不见、摸不着的活动或过程,也就是无形的,这个比较容易理解。产品是同质的,就是说同一个品牌和型号的产品基本看不出有什么差异;服务是异质的,也就是说哪怕是同一位服务人员为同一位用户做同一种服务,那两次服务之间也会有差异,不可能完全相同。产品的生产、传递与消费过程分离,也就是说产品可以在远在千里之外的工厂生产,不远千里地运过来,交付到用户手上;服务则不同,只能同时生产,同时传递和消费。因此,产品的价值在生产过程中就确定了,用户一般是不参与其中的,服务的价值则在提供服务的过程中呈现,用户一定会参与其中。产品可以存储,意思是说产品可以有库存,今天生产的产品可以明天卖,也可以下个月或明年卖,只要不过保质期就行;服务不可存储,意思是说今天没有提供的服务不能另外一天拿出来用,没有被消费的服务就浪费掉了。比如一架可以乘坐 150 人的飞机上空了 20 个座位,那这 20 个座位就浪费掉了,没法保存起来,让下次飞行的时候变成 170 个座位。这就是为什么淡季的时候住宾馆很便宜,旺季的时候很昂贵的原因。产品的交易牵涉所有权的转移就是说产品卖给用户,产品就属于用户的了,而用户只能享用服务,不能占有,除非你请个专属私人医生,只给你一个人服务。

谈到实体店的服务,不建议一股脑地让店员告诉用户我们有哪些具体的服务项目,而是要问用户您需要我们提供什么样的服务。对用户提出来的要求我们说 YES 就可以了。有一个用户曾经说他需要 24 小时服务。你如果说做不到就拜拜了。这时候我们只需要说绝对没有问题就可以成交。用户真的会在三更半夜给你打电话吗?他要的只是一个保障。就像有些店面卖的 298 元屏幕损坏保险,用户的手机屏幕难道都会摔破吗,买的就是一个放心和承诺。

服务的目的是为了提升用户体验。用户体验是用户在享受服务的过程中建立起来的综合感受。在这一点上,零售企业要向“海底捞”火锅店学习。关于“海底捞”火锅店的“变态”服务的例子网上流传很多,这里咱们试摘录两个:

一次有一位客人在“海底捞”吃完饭,要赶火车却打不到的士。门口的服务员看到客人带着行李箱,问了情况转身就走。结果紧接着“海底捞”的店长把自己的 SUV 开出来,说:“赶紧上车吧,时间不多了。”……

吃完饭客人想把剩下的切片西瓜带走,服务员说:“对不起,切开的西瓜不能打包。”客人于是作罢,临走时,服务员提来一整个西瓜:“对不起,切开的西瓜不能打包,给您一个没切开的。”……

如果你认为“海底捞”就是靠一些哗众取宠的段子忽悠消费者,那就大错特错了。下面再看一段网友描述“海底捞”外卖的例子,你会得出完全不同的结论。

外卖是建议提前两个小时预定的。我们大约五点下单,对方说大约7点到。到了六点五十左右,外卖员背着一个小房子般的大箱子如约而至。我问:“哦,给好几家送哈?”外卖员说:“不,就你们一家。”

外卖员进门先穿鞋套,然后从大箱子里抽出一个小小的袋子,打开瞬间变成了一个尼龙脏衣服筐。再套上两个很厚的垃圾袋,就变成了垃圾桶。外卖员说,到时候底料什么的都可以扔进去,连汤只要不太烫了都可以扔进去。

接着,外卖员拿出了围裙、眼镜布、牙签等后,问我们电源在哪。看见我们的电源上插座较多,又说自己带来的电磁炉是多少瓦,问荷载有没有问题。我们餐桌附近有电源,我正想着,如果他们的电磁炉电源线实在太短,我就去找个接线板。这时候,外卖员拿出了一个接线板……

外卖员开始铺桌子,看我们桌子有点大,就主动铺了两层,是质量尚可的一次性桌布。然后,他,拿出了一个桌垫,垫在了电磁炉的下面!

外卖员拿出锅子,问我那里有水,自己跑去厨房接了水。然后开始忙活摆食物。先拿出来的就是送的两个纸盒的爆米花和水果,然后是各种小料、各种食材。还给了一包高汤,好让我们加水的时候用。

摆好了吃的之后,外卖员拿出一张单子,非常客气地对我说:现在不收押金了,所以这个签收条请您签一下。一会儿我们要回收的是电磁炉一个,接线板一个,塑料饭盒若干,食盒若干……

盛蔬菜肉类的盒子都是质量很好的餐盒,盛水果烧饼之类似乎是乐扣牌的盒子。外卖员说,以前是一次性餐盒,但顾客认为不环保,所以又换这种。这套餐具很贵,投资不少呢。外卖员还在单子上留了自己的手机号码,让我们有问题随时给他打电话。

总而言之,待外卖员搞定一切之后,约好了取东西的时间,火锅沸腾之际，他就华丽地退场了。外卖员说10点半之前都可以来收，我们约定9点来收。

酒足饭饱后，老婆又开始挑剔说："唉，就怕吃火锅，瞧咱屋子里这味儿啊。"我说："这我估计他们也在想办法，但一时半会儿真没什么好办法，总不能扛个油烟机过来举着吧？"

四个大人加一个孩子，吃得饱饱的，花了294元。反正就是肉啊蔬菜啊豆腐啊虾滑啊都有一些。到了9点，外卖员准时过来收东西。一进门，他拿出一个香包送给我们！我什么都说不出来了！虽然香包不能真的驱除火锅的味道，但是，反正人们已经真的不能阻止"海底捞"了……

看明白了吗？"海底捞"把为用户服务的每个细节都琢磨到了、琢磨透了、照顾好了。这样才会产生超越用户期待的结果，形成良好的口碑。为什么一些互联网大佬老说"超越用户期待，让用户尖叫"呢？这是因为服务质量有一个衡量标准，那就是用户感知或经历的服务与用户预期的服务之间的差值。差值如果是正的，那就表示用户的满意度高，是零或者负的，那就表示用户满意度低。如果不好理解，咱们再举一个例子。iPhone 1刚出来的时候，所有的用户都是欢呼的、尖叫的，很多用户会去彻夜排队。因为大家谁也没有想到还会有这样的手机，诺基亚和摩托罗拉拉低了人们对于手机的期望值，而苹果手机的表现远远高出了这个期望值，所以用户对苹果手机很满意。后来，随着iPhone一代代地出，用户对苹果手机的期望值越来越高，而苹果手机持续创新的能力越来越弱，所以当iPhone 6s出来的时候，大多数人都失望了，尽管iPhone 6s仍然是世界上最好的手机，但它是苹果手机出的，它不应该比现在的其他手机表现得更好吗？人们会很自然地这么想。

结合"海底捞"的泪点和细节两个表现，我们可以说用户体验就是"全过程细节把握+关键节点超越期待"。如果你的服务既细致入微，又能在关键的接触点上有让人惊艳的表现，那你就赢得了用户的心。

◆“海底捞”候餐区

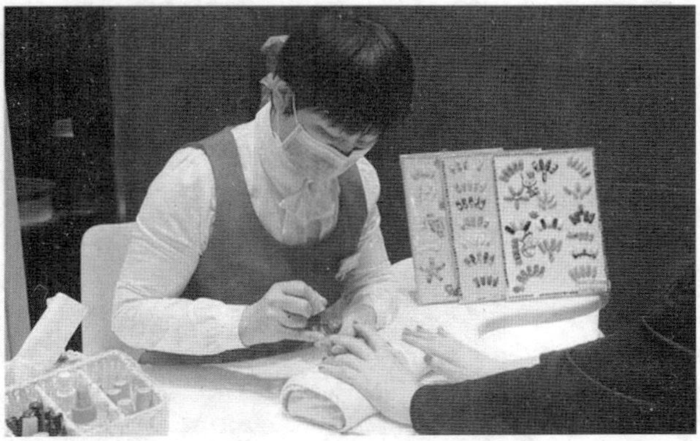

◆边美甲边候餐

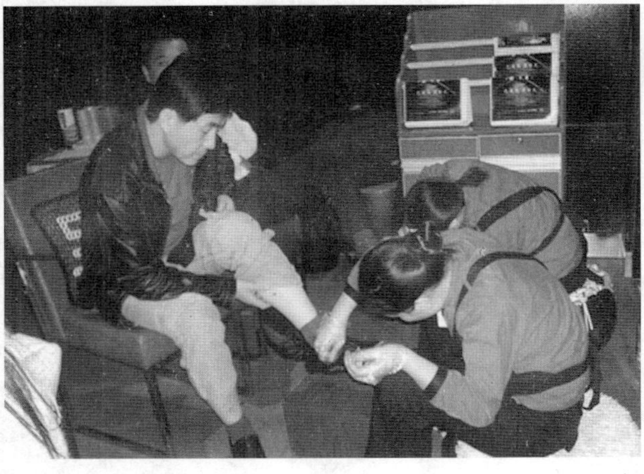

◆边擦鞋边候餐

◆边玩边候餐

◆边吃边候餐

写到这里，正在得意之际，抬头一看，让我们颇觉尴尬的现实出现了。时至今日，互联网已是明日黄花，用户、需求、入口、体验等关键词也已日薄西山。没办法，这是一个速生速死的时代，现在最火的是移动互联网，大家谈得更多的是网红、直播、IP、社群……为了跟上时代的车轮，我们得临时补充一些内容，也就是下面要讲的粉丝、调性、小规模流量复制、IP分散化、大数据和社群零售。

六、变用户为粉丝

首先说粉丝，这是从用户转化过来的概念，意思就是更为忠诚，甚至有些狂热的用户。粉丝视公司、产品或创始人为明星，心甘情愿地成为追星一族，用实际行动拥护自己的明星。这些行动包括购买产品和服务、自发传播企业品牌、以使用某产品或服务为荣耀，以及愿意无偿帮助企业改进其产品或服务。

粉丝的叫法由来已久，不过目前还没有被新的词汇替代，可以继续使用。大家耳熟能详的粉丝有果粉（苹果手机的粉丝或者乔布斯的拥趸）、米粉（小米手机的粉丝或者雷军的拥趸）、钢丝（郭德纲的粉丝）等。

原来谈用户，总有“用户是上帝”的感觉，也就是说用户是高高在上的，商家是处于劣势的，需要去迎合用户的需求。而粉丝给人的感觉是商家（或网红）高高在上，一呼百应，用户是追随者。这虽然总让人觉得哪里不对，但是越来越多的消费者是先充分认可某个商家或网红，然后才去消费他们提供的产品或服务，这也是不争的事实。

从客户到用户，再到粉丝，是一个逐步递进的过程。客户主要体现在营销推广阶段，往往只是单向地购买企业的产品或服务；用户则体现在营销推广和服务支持两个阶段，不仅在购买阶段与商家互动，而且在使用阶段与商家仍然保持密切的联系；粉丝则在设计、研发、生产、销售、服务等的全过程中与商家进行协同创新，推动商家全方位改进和提升产品与服务。

零售店的老板们可能会说，我们又没有设计、研发和生产，怎么能吸引到粉丝呢？其实，在销售和售后环节的密切互动已经足以让你的用户成为粉丝。另外，零售商也要设计和打造自己的服务产品，提供独特的服务体验，这时候就可以让你的粉丝充分参与其中了。

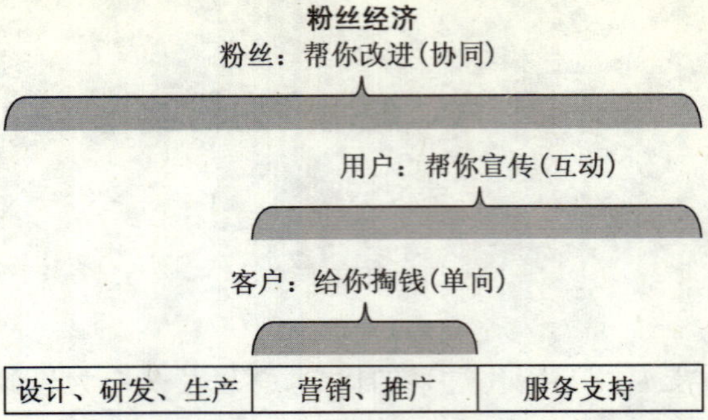

◆从客户到用户，再到粉丝

用户和粉丝还有一些其他差异。对于用户，你既要关怀备至，又要充分让利，商家没有定价权；而对于粉丝，你只要让他觉得满意，他就会心甘情愿地掏钱，而且产品或服务可以溢价，商家有定价权。

罗辑思维是粉丝经济的典型代表，罗胖解决了人民群众渴求知识又懒于学习的矛盾，然后通过电商赢利。罗辑思维卖的书和其他产品价格都挺高，但“螺丝”们因为喜欢罗胖愿意多掏几块钱，甚至很多人愿意一次性掏 4 万块钱购买 20 年的跨年演讲门票，这不得不让人羡慕。

从客户到用户再到粉丝，做零售的要走的路还很长。

七、凸显你的调性

然后说调性。这个词可以和以前讲过的需求相对应。需求是为了满足用户，调性是为了吸引粉丝。以往的做法是先找准自己的用户群，然后深入地分析用户有哪些痛点和痒点（也就是需求），通过满足用户需求来维系好用户；现在是要凸显自己的调性，把调性做到极致，大步流星地往前走，粉丝们自然会跟上。

Papi 酱的调性是“集美貌与才华于一身的女子”。2015 年 10 月，姜逸磊开始利用变音器发布原创短视频内容，短短 5 个月内，其微博粉丝量超过 760 万人。2016 年 3 月他获得 1200 万投资，投后估值一个亿。罗辑思维的调性就是“死磕自己，愉悦大家”，讲的内容既有吸引力又个性十足。很多人一边骂罗胖，一边继续听他的演讲，买他的东西。罗辑思维在 3 年内成为中国第一社群，积累 650 万的粉丝，73 万付费用户，年销售额 2 亿，估值达到 13.2 亿。

不是你有好的产品和服务，消费者就会买单，而是你有鲜明的调性，消费者就会买你的产品和服务。

八、粉丝来自小规模流量复制

再说说小规模流量复制。调性讲的是靠什么吸引粉丝，小规模流量复制讲的是粉丝从哪里来，与之相对应的是上次讲到的入口。如果每个消费者都是一条小溪，入口的概念是挖一条河道，让各条小溪都流到你这里来，汇聚成一个大的流量。然而做入口太难了，因为绝大多数小溪已经被微信、微博、优酷、喜马拉雅这些大河道整合了。

我们的小河道怎么样才能有流量呢？可行的办法就是小规模流量复制。这是我自创的一个概念，目前流行的说法是流量二次分发，也就是从大河道中挖一条引水渠，把部分流量导入你的河道中。但这些流量仍然会在大河道中流，偶尔在你这里流一下，所以我认为称为小规模流量复制更贴切。另外，分发是大河道主动做的事，复制是小河道偷偷做的事，大河道并不情愿，但又无可奈何。

为什么小规模流量复制是可行的？因为大河道的缺陷有所显露，主要集中在变现、实时交互和深度交流三个方面。比如微博，首先，最重要的欠缺是没有为大V建立变现手段；其次，是没能为大V与粉丝间的交互提供更先进的手段，在实时、语音和视频三种交互工具方面建设不足。再比如微信公众号缺乏各种形式的交互，更接近传统单向的媒体传播，微信群又存在参与人数500的限制。又由于平台级产品的复杂性，在现有的基础上增加更多核心功能其挑战巨大并且改变缓慢。这就为小河道的小规模流量复制提供了可能。

具体做法还是举罗辑思维的例子。罗胖在微信公众号、优酷、喜马拉雅上都在演出，因为那里是大河道，流量足。但罗胖又做了一个叫作“得到”的App，部分粉丝会按照罗胖的引导到“得到”上购物，因为“得到”比微信公众号中的商城更能满足罗胖的变现需求。

复制流量靠的是什么呢？这里不得不引出两个小的概念：头部内容和头部作者。头部内容是指浏览量巨大的优质内容，比如一个软文、一段音频或一段视频。具体一点说，比如 Papi 酱的母亲节视频在爱奇艺上有 662 万次播放，就是一个典型的头部内容，Papi 酱就是头部作者。头部作者可能是段子手，也可能是主播或网红，当然头部作者生产的不一定都是头部内容，只是他们生产头部内容的能力强、概率高。大河道中的流量会跟着头部作者走，而不在乎河道本身。比如高晓松的“晓说”从优酷转到爱奇艺，节目浏览量依然是上升趋势。因此，拥有一批能产生头部内容的头部作者可以算是商家的核心竞争力。

九、调性依赖 IP 分散化

下面谈谈 IP 分散化。IP 原本指知识产权，目前引申为知识资产，指的是可以被多元化开发、多渠道推广的文化产品。比如《三国演义》，可以出书，可以拍电影或电视剧，可以说评书、搞游戏。“愤怒的小鸟”本来是一个游戏，现在可以拿来放在文具、玩具和 T 恤衫上，改编的电影也刚刚公映。IP 重要，因为利用 IP 比较容易产生头部内容，大家一听这个名字就唤起了兴趣，所以“三国杀”比“两国杀”或者“四国杀”更容易推广。

IP 分散化是说 IP 越来越多，越来越遍及各个领域。这是文化的多元化导致的。可以说中国是刚刚怀揣朝气蓬勃的梦想，就遇到阶层流动停滞的现实，然后在互联网信息大爆炸的背景下直接跨越到一个价值观碎片化的时代。

IP 分散化的结果是给更多的商家和个人提供了更多的机会生产更多更好的头部内容以吸引更多的粉丝。

互联网时代强调的是“连接”，腾讯的目标就是“连接一切”；移动互联网时代强调的是消费升级，供给侧改革。也就是说原来是要连接人与人（C2C）、企业与人（B2C）、企业与企业（B2B），现在能连接的基本都被人家连接了，再做连接去消除信息不对称已经没有任何机会了，应该在已经连接的各个节点上下功夫，做出更安全美味的食品、生产更物美价高的产品（没错，是物美价高，这才是消费升级）、创作更引人入胜的作品，然后通过已有的连接进行推广。“内容”开始取代“媒介”成为一种更具精准性的营销载体。“头部内容”将会是商家必争之地。

十、一切都为了大数据

“2014(第十四届)中国年度管理大会”于2014年11月28日在北京举办。阿里巴巴集团董事局主席马云在发言时表示,今天这个社会正在开始从IT(信息技术)向DT(数据技术)的转移。IT是以我为中心,IT的目的是为了让老板更好地决策、更好地管理,IT是对昨天的总结;DT的思想是让你的用户更加强大、让你的员工更加强大,让别人更加强大,DT是对未来的预测和预判。

马云说阿里巴巴集团本质上是一家扩大数据价值的公司。阿里做淘宝的目的不是为了卖货,而是获得所有零售的数据和制造业的数据;做阿里小微金服的目的,是建立信用体系;做物流不是为了送包裹,而是把这些数据合在一起。阿里巴巴对一个人的了解远远超过他自己,这就是阿里的核心竞争力。

自2015年12月9日起,由中国经营报社举办的主题为“决策时代:创造与变革”2015年中国企业竞争力年会上,国美控股集团决策委员会主席杜鹃指出,零售业未来竞争的核心和焦点在于大数据支撑下的供应链管理的能力,在于基于市场需求所进行的供应链效率的提升。谁的数据抓取能力更强,供应链效率更高,谁就会胜出。

看来,不管实体店还是电商,大家都认为,数据成为未来零售行业竞争的决定性力量。当然,你也可以说,零售行业的竞争核心还是用户体验的竞争,但离开了数据,

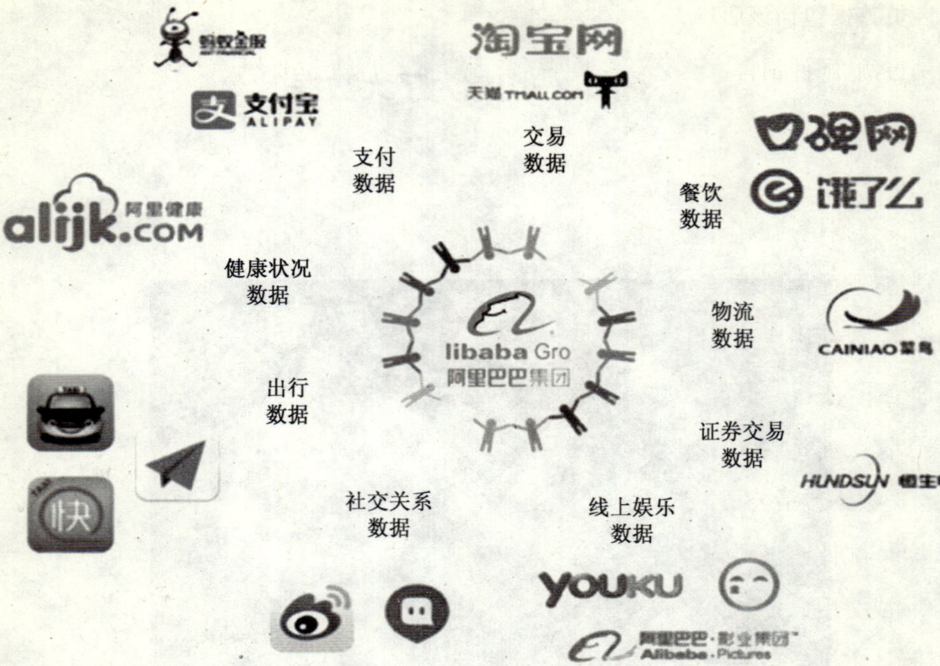

◆阿里巴巴的 DT 布局

用户体验就会成为空中楼阁。

看到上面“阿里巴巴的 DT 布局”，很多实体店老板或许彻底绝望了：咱们和人家的差距岂止一星半点，简直天上人间啊！很多老板可能连自己有多少老用户都搞不清楚，更不用说搞定用户完整的消费行为数据了。不过，好在现在补救还来得及。3C 产品实体零售行业应该获取哪些数据，如何获取这些数据呢？

3C 产品实体零售行业需要收集的数据包罗万象，这里我们只讨论其中的核心数据。核心数据分为这样几个层次：用户的消费及相关数据、店员的销售及相关数据、店面相关的数据、公司相关的数据、行业总体的数据。

用户数据包括用户基本信息、消费记录、接受服务的记录、购买意向、下一次接触预测等。基本信息包括个人信息、教育背景、家庭信息、工作信息、联系方式、性格特征、兴趣爱好、消费潜力等；消费记录包括消费时间、产品或服务、消费金额等；接受服务的记录包括服务时间、服务形式、服务内容、服务效果等；购买意向是预测用户下一次会在什么时间购买什么产品；下一次接触预测则是预测下一次与该用户的服务接触会发生在什么时间、什么地点、以什么方式接触、预期达到什么效果等。

店员数据包括该店员每天、每周、月度、季度、年度的销售额、销售毛利、毛利率、主机销售额、配件销售额、主机配件销售额配比率、主机毛利、配件毛利、主机配件毛利配比率、成交用户数、成交老用户数、成交新用户数、成交老用户占比、主机销量、高端配件销量、主机与高端配件销量配比率以及上述数据的同比、环比等。

店面数据包括该店面每天、每周、月度、季度、年度的销售额、销售毛利、毛利率、主机销售额、配件销售额、主机配件销售额配比率、主机毛利、配件毛利、主机配件毛利配比率、成交用户数、成交老用户数、成交新用户数、成交老用户占比、主机销量、高端配件销量、主机与高端配件销量配比率、店员销售额排名、店员销售毛利排名、店员主机配件配比率排名以及上述数据的同比、环比等。

公司数据包括公司每天、每周、月度、季度、年度的销售额、销售毛利、毛利率、主机销售额、配件销售额、主机配件销售额配比率、主机毛利、配件毛利、主机配件毛利配比率、成交用户数、成交老用户数、成交新用户数、成交老用户占比、主机销量、高端配件销量、主机与高端配件销量配比率、店面销售额排名、店面销售毛利排名、店面主机配件配比率排名、员工销售额排名、员工销售毛利排名、员工主机配件配比率排名以及上述数据的同比、环比等。

行业数据包括月度、季度、年度行业总体的销售额、行业平均毛利率、主机销售额、配件销售额、主机配件行业平均配比率以及上述数据的同比、环比等。行业数据非常难以获得,这需要各个公司有开放的心态,愿意分享自己的真实数据以获得行业的基准水平,也需要有一个能获得大多数企业认同的行业联盟或类似组织来收集、整理、发布这些数据。

数据分析最重要的两块是公司级数据分析和店面级数据分析。公司级数据分析主要用于分析公司总体销售情况及各个店面的对比数据;店面级数据分析主要用于分析本店面销售情况及不同产品和人员的对比数据。分析要求如下:

店面级数据分析				
序号	数据	展示要求	分析要点	分析结果用途
1	当期（日、周、月、季度、年度）店面各类产品销售数据，如销售额、销量、毛利等	数据列表显示，做出直方图、饼图	分析哪些产品销售情况好，哪些差，找出原因	改进产品组合，提出改进措施
2	当期（日、周、月、季度、年度）店面各销售人员的销售数据，如销售额、销量、毛利等	数据列表显示，做出直方图、饼图	哪些员工对店面贡献大，哪些存在问题，为什么	请优秀员工介绍经验，帮助后进员工进步，作为人员考核依据
3	店面各类产品同比（当期与前面两年同期）、环比（当周与前面两周、当月与前面两月）销售数据，如销量、毛利等	数据列表显示，做出直方图、折线图	分析各类产品销售走势，存在的问题及原因	改进产品组合，提出改进措施
4	店面各销售人员同比（当期与前面两年同期）、环比（当周与前面两周、当月与前面两月）销售数据，如销量、毛利等	数据列表显示，做出直方图、折线图	分析人员表现的走势，发现退步的员工，找出原因	提出改进措施
5	店面核心用户数据分析，包括数量、年龄、职业、消费情况等	数据列表显示，做出饼图	分析核心用户特征和消费习惯	找出增加用户数量和质量、改善用户体验的方法
公司级数据分析				
序号	数据	展示要求	分析要点	分析结果用途
1	当期（日、周、月、季度、年度）各店面总体销售数据，如销量、毛利、纯利等	数据列表显示，做出直方图、饼图	哪些店面对公司赢利的贡献大，哪些存在问题，为什么	改进店面选址、调整资源分配，作为考核依据
2	当期（日、周、月、季度、年度）各店面主机销售数据，如销量、毛利等	数据列表显示，做出直方图、饼图	哪些店面应该把主机作为主力产品，主推哪些主机，为什么？落后店面存在的问题和原因	改善主机选型，找出提升落后店面主机销售能力的措施

续表

3	当期（日、周、月、季度、年度）各店面（主力）配件销售数据，如销量、毛利、配比等	数据列表显示，做出直方图、饼图	哪些店面应该把配件作为主力产品，主推哪些配件，为什么？落后店面存在的问题和原因	改善配件选型，找出提升落后店面配件销售能力的措施
4	各店面同比（当期与前面两年同期）、环比（当周与前面两周、当月与前面两月）总体销售数据，如销量、毛利、纯利等	数据列表显示，做出直方图、折线图	各店面销售业绩的发展趋势，存在的问题和原因	找出改进措施
5	各店面同比（当期与前面两年同期）、环比（当周与前面两周、当月与前面两月）主机销售数据，如销量、毛利等	数据列表显示，做出直方图、折线图	各店面主机销售业绩的发展趋势，存在的问题和原因	找出改进措施
6	各店面同比（当期与前面两年同期）、环比（当周与前面两周、当月与前面两月）主力配件销售数据，如销量、毛利、配比等	数据列表显示，做出直方图、折线图	各店面配件销售业绩的发展趋势，存在的问题和原因	找出改进措施
7	某个产品在各个店面的当期（周、月、季度、年度）销售数据，如销量、毛利等	数据列表显示，做出直方图、饼图	发掘该产品的销售技巧	推广该产品的销售技巧
8	某个产品公司总体同比（当期与前面两年同期）、环比（当周与前面两周、当月与前面两月）销售数据，如销量、毛利等	数据列表显示，做出直方图、折线图	该产品的销售趋势，存在的问题和原因	找出改进措施
9	公司总体及各店面人员配备情况对比	数据列表显示，做出直方图、饼图	与销售业绩挂钩，分析业绩与人员配备的关系	改善人员结构，确定招聘或淘汰策略
10	公司核心用户数据分析，包括数量、年龄、职业、消费情况等	数据列表显示，做出饼图	分析核心用户的特征和消费习惯	找出增加用户数量和质量、改善用户体验的方法

与电商的数据获取模式不同，实体零售的大部分数据都是店员在与用户的接触过程中收集、预测，并且通过适当的方式记录下来的。这种“适当的方式”当然不是记录本或 Excel 表，而应该是一套应用系统。因为大量的用户数据汇聚起来之后，就可以通过应用系统进行二次分析了。也就是说实体零售的大数据一定是充分利用人的智慧和能动性的大数据，而不仅仅是号称具备人工智能的计算机系统。马云所宣称的互联网对人的了解远远超过他本人对自己的了解，其实是有些夸大其词的，至少是以偏概全的。因为计算机是没有情感和抽象思维的，在比如记住用户的脸、识别用户的声音、判断用户的心情等方面和人没法比。因此，实体零售的大数据应该是以人为主、以计算机和互联网为辅的数据收集和分析利用的系统。或者说是人利用计算机和互联网来收集、分析和利用大数据的系统。而不是像电商一样完全利用计算机和互联网做出分析，人们仅仅是利用分析的结果。

这让我想起“丰田生产方式”的胜利。第二次世界大战后，丰田公司曾陷入非常危险的境地，年汽车销量下降到了 3275 辆。汽车销售不出去，工人开始罢工，而且持续相当长的时间，丰田公司几乎濒临破产。为了挽救丰田，核心领导层到福特公司去参观学习。一看到福特先进的全自动化生产线，丰田人顿时傻眼了：再干一辈子也赶不上人家啊。后来丰田喜一郎和大野耐一经过认真分析，发现福特公司的全自动化生产方式虽然效率很高，但是也存在很多漏洞。丰田公司用人代替流水线中的部分机器设备，使得整个生产过程更加具有柔性，最终战胜了福特公司的生产方式。由此可见，把人的智能和计算机的智能结合起来，才是最高效的系统。人的归人，计算机的归计算机。

大数据分析是马云认为互联网可以摧毁一切传统行业的信心所在。因为今后这个世界上的大部分财富将不再来源于土地、矿产、资金和人脉，而是来源于数据。大数据是土壤，今后大部分财富的种子都将在这片土壤中生根发芽。

2014 年 3 月 7 日，阿里大数据负责人宣称已经攒下了超过 100PB 已处理过的数据，等于 104857600GB。各位老板，您那里有多少用户数据？当人家已经开始用各种大数据算法开采数据金矿的时候，咱们还在用手纸和销售人员的脑袋记录用户信息。

要想在大数据上与电商抗衡，实体零售并非无路可走，而是有弯道超车的可能的。电商的数据都是由计算机记录和处理的，这就是所谓的互联网比你更了解你自己。我们也必须采用互联网手段获取和分析数据,这个勿庸置疑。不过我们还有一个优势,那就是几千家就在用户身边的店面和几万个与用户朝夕相伴的专业销售人员。

电脑和人脑在处理用户数据方面各有优势和弊端:用户登录系统,电脑可以第一时间识别是哪位用户,不过用户来到店里,人脑则可以第一时间认出这位大哥是谁;用户在网上买了一本书,电脑可以立即推荐他可能感兴趣的其他书籍,不过用户急于买一批礼品应对企业年会,人脑则可以马上与用户感同身受……研究证明,电脑和人脑的结合是最好的数据处理手段。

我们应该为每一位核心用户设立一位服务专员,时刻琢磨这个用户的喜好和需求,并以大数据分析的互联网武器辅助他,服务专员就可以像私人医生一样全程跟踪用户的个性化需求,提供不可替代的定制服务。

十一、最终迈向社群零售

罗辑思维是很成功的一个“社群经济”模式，虽然有很多人看不上罗振宇，说了他很多坏话，但这不妨碍罗辑思维在很短的时间内成为中国第一社群，积累 650 万的粉丝，73 万付费用户，年销售额 2 个亿，估值达到 13.2 亿。罗振宇一直说你不喜欢吃我们家的馒头，可以去吃旁边小摊的馄饨，但不要砸我们家的摊子。

论知名度，罗振宇比不过吴晓波和秦朔；论理论水平，罗振宇和吴伯凡、郎咸平差太多。但罗辑思维却能够脱颖而出，除了营销到位，我觉得最重要还有两点：一是罗胖口才好，听得用户大呼过瘾；二是罗胖的观点鲜明，反对中医就反对到底，唱多中国经济就唱多到底，卖货就是卖货。尽管观点得罪了很多人，但也令很多人折服，这就是所谓的“调调”。

提罗辑思维是为了引出实体零售的未来。

3C 产品实体零售应该经历三个阶段：

第一个阶段是“品牌零售”，也就是说零售商是某品牌商（比如苹果店、联想店、三星店等）的附庸，帮他打品牌，帮他卖产品，一切皆看他的脸色。这个阶段品牌商是核心。如下图所示：

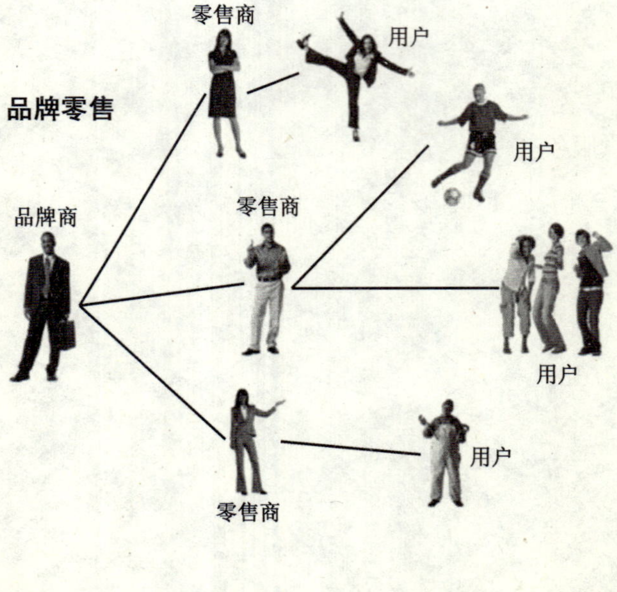

第二个阶段是“用户零售”。零售商开始更重视用户，而不是品牌商，开始根据用户的需求销售多个品牌的产品，开始主打自己的品牌，而不是别人的品牌。这是当下比较流行的模式，这个阶段零售商是核心。如下图所示：

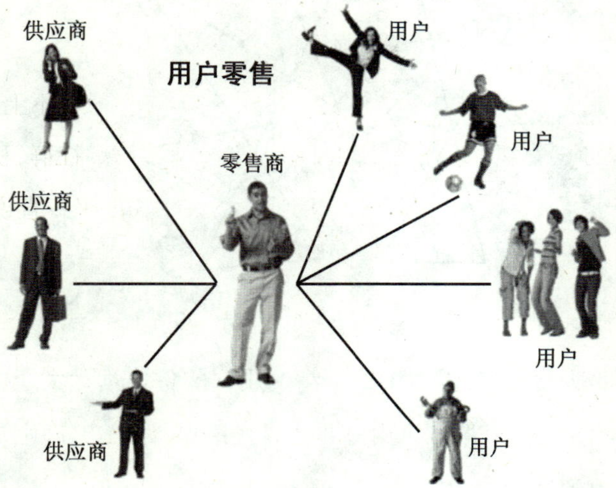

互联网的本质是去中心化、去渠道化。上面两个阶段都是有中心、有渠道的，因此不长久，必须形成一种网状的结构。

去中心化，需要零售商寻找更多更好的产品和服务，甚至突破3C产品的界限，去卖其他品类的产品。当然品类的边界要有个限度，自己够不着的可以联合同一区域内的其他优质商家一起为同一批用户服务，也就是做异业联盟。

去渠道化，要求零售商要开发自己的特色产品和服务，而不能仅仅作为其他商家产品的通路。不再做渠道，而要做厂商。做厂商不是说找个加工厂贴自己的牌子，而是要推出自己的服务产品，做服务商。实体产品提供的是功能体验，服务产品提供的是情感体验。提供服务产品就是要找到自己的“调调”。

我们认为，第三个阶段是实体零售的未来即“社群零售”，就是一家店面要在一个区域内聚焦几万、几十万的忠实用户，时时处处通过各种方式和他们“泡”在一起。如下图所示：

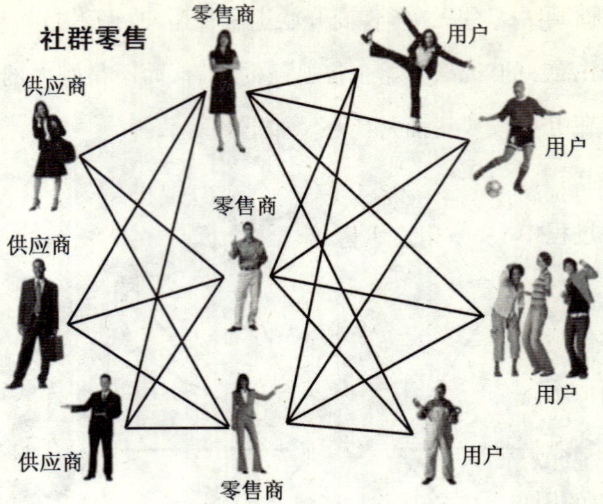

社群零售不是吸粉模式，因为1万个高端用户的价值远远大于100万个低端用户。社群零售也不是通过互联网天南海北地寻找用户，你的忠实用户就在你的身边，太远的用户你够得到，但抓不牢。

互联网社群，包括QQ群、微信群、百度贴吧，还有你自己的App等，都是社群零售的有力武器，其实你搞一个线下的会员俱乐部，每周聚一聚，也是一个社群。关于社群运营，网上有很多资料可以学习，小施零售社区就是一个好的社群典范。

好社群的特点是专一、稳定、网状和信任。专一就是只关注一个方向，只吸引一类用户群；稳定就是大家不是偶然聚在一起，成员之间的关系是稳定的、长期的；网状就是不存在单一的核心节点，不会出现核心节点消失社群就解散的情况，而是每个人都积极参与，刷存在感；信任就是彼此经常联络，都是熟人和朋友，基于重逢产生信任，基于信任产生协作。

社群也有三个发展阶段：第一阶段，群主和核心成员经常有干货发布，大家看得都很过瘾，有收获；第二阶段，大部分成员都能发布干货，形成有效的互动交流，也就是去中心化；第三阶段，从线上的虚拟交流转入线下的集体活动，线上线下形成呼应，也就是O2O了。

社群零售也是中小电商的发展方向。很多淘宝店主觉得在淘宝上做生意有两大难题：一是用户上来就全网搜索、比价，根本没有利润可言；二是即使这次在你这里买了东西，下次上来还是搜索比价，不会对你的小店有任何的忠诚度。因此，很多店家开始做微商。微商其实就是通过微信、微博等社交网络维系一个社群，希望从老用户那里获得更多的生意。

腾讯对阿里在电商领域的阻击，为实体零售的未来增加了无限生机：中小电商朝微商迁移，必然削弱大型平台电商的影响力，最终起到釜底抽薪的作用。而中小电商迈向社群零售的过程中，又和实体零售商回到了同一条起跑线上。这一次谁胜谁负其实已有定论。

原来实体零售被电商打了个措手不及，经过电商这么一折腾，一些竞争力弱的实体零售已经被刷掉了，剩下的都是无比坚挺，加之对于电商的战略战术有了痛入骨髓的认识，也列装了和对方一样的高超音速导弹，如果再被打败了，那真是无话可说。

3C 产品零售的用户群比较分散，覆盖了大部分人群，很难勾画出统一的角色模型。如果都想抓，最终一个也抓不住，所以必须搞清楚每个店面的核心用户群，明确自身的定位和调性，在自己最有优势的领域里生产优质内容，让核心用户成为你的粉丝。

生产的内容要有一定的高度，不能简单粗暴地宣传你的产品或服务。比如你想吸引驴友成为你的粉丝，不能直接向驴友推送防风耳机、户外音箱等产品资料，而应该介绍徒步旅游线路和户外安全知识，中间插入适合的产品的软性广告。当然，你也不能天天推美食的内容，最后期待粉丝买你的移动电源。内容、产品和粉丝要有一定的关联性。

互联网的社会化思维是说利用社会化工具、媒体和网络重塑企业的用户关系、组织管理和运营模式。社群形成的圈子是一座金矿。每个会员节点都蕴藏着巨大的能量，成千上万个节点连接在一起，就构成了一个价值无限的社会网络。

就像商学院最吸引高级管理人员的工商管理硕士（EMBA）学员的不是教授和课程，而是其他的学员；学员们最大的收获也不是知识和理念，而是与其他学员的合作与共享。

在未来的零售社群里，会员不但可以享受 3C 产品和服务，还可以交流思想、组织线下活动、进行投资和众筹、开展商务合作，甚至在工作生活上互相帮助。比如 A 会员帮 B 会员解决孩子上一所好学校的问题，C 会员帮 D 会员在三甲医院搞到一张床位，E 会员为 F 会员做知识产权方面的法律咨询等。这样的一个圈子价值几何，每个会员都心知肚明。

互联网时代,行业的边界已经非常模糊了。行业的整体风险已经远大于企业的个体风险。跨界打击成为一种新常态。打败手机巨头的是做电脑的,打败胶卷霸主的是做数码相机的,打败出版王牌的是搞互联网的……

用户的需求是多个层面的,如果你仅仅只能满足他们在3C产品和服务方面的需求,那他们两三个月跟你接触一次就不错了,下次再有这种需求的时候可能早就把你给忘了。

在电商的高压之下处于水深火热之中的并不是只有我们3C实体零售企业,餐饮、金融、通信、教育、医疗、旅游、娱乐等行业日子都不好过。而这些,都是用户需要的。

如果在你身边受电商压迫的人能够联合起来,形成一个异业联盟,共同服务高端用户,是不是能够开辟一片新天地呢?

互联网企业的跨界,是把触手伸向每一个传统领域,并把店里的瓷器砸个稀巴烂。走别人的路,让别人无路可走。我们不需要自己跨界,只需要联合各行各业的精英奋起反抗。大家一起来趟一条新路,让路越走越宽。

异业联盟的价值包括会员共享(你的VIP到我这里消费,可以享有我的VIP同样的待遇)、联合促销(你组织一个促销活动,我的产品可以同步打折)、线下活动(比如在联盟中的某一家旅行社的会员专享旅游线路中加入其他商家的产品与服务)、场景营造(利用联盟中多个商家的产品和服务共同进行用户消费场景的营造,比如把坚果产品体验店建在招商银行的用户等待区)等。

异业联盟成功的关键不是简单的共享用户,相互打折,而是:

第一,基于场景的连续消费,就是给特定场景中的用户提供合适的服务。比如,用户在你的店面买了部手机,你赠送一张隔壁咖啡店的打折券,用户直接去喝咖啡了,这是连续场景。如果用户买完产品,你赠送一张离得很远的服装店的优惠券,用户很难直接去,回去之后就把优惠券给忘了,这就不是连续场景。

第二,基于大数据的个性化服务,就是给特定群体的用户提供适当的服务。比如,IT店面的顶端用户也是奢侈品的消费者,购买高端蓝牙音箱的用户去听演唱会的概率较高等。

异业联盟的最大好处是用户或许每天都能接触到联盟商家的产品或服务，他想忘也忘不掉你，用户黏性自然大幅增加。

总结一下，构建社群、黏合粉丝是今后零售业的发展方向，粉丝主要从现有的大平台通过小规模流量复制而来，复制流量依靠的是你这里有头部作者源源不断地产生头部内容，你能持续产生头部内容的根源是IP分散化，虽然IP分散化，但是你不能总是产生不同风格的头部内容，而是要保持和发扬你的调性。这就是这五个关键词的内在联系。

附录

附录一　消减支出，倍增利润

各位老板都很清楚“收入-支出=利润”这个公式。上面我们谈的都是如何提高被减数，下面来谈谈如何降低减数。这里的方法都来自微信群“小施零售社区”中的卓越会员——湖北新胜科技投资管理有限公司樊哲军——樊总的泣血分享。在此表示衷心感谢。

1.关于销售管理

事前控制要好于事后算账！要多看财务数据，对数字要敏感！公司管理中要多用数字，少用形容词！

可能是因为近来生意一直不太好的原因，所以我经常会到店面去转转，或者打电话、用微信问一下店里的状况。通常得到的答复是还好、一般、不错、还行，或者说不好。每当这个时候我都会追问：什么是还好？什么是不错？尽量要引导员工用数字说话。今天卖了多少台？有多少利润？毛利率怎么样？或者当员工说不太好的时候要问他是什么不太好，是没人进店，还是进店客户的成交率比较低，或是毛利率比较低，或是产品不畅销，一定要问清楚，要引导好。

有时候作为管理者在员工面前，我们往往就是要看起来像那个最笨的人，我们要问很多问题，不能够被员工一下子给糊弄过去。生意不好的时候，员工也很有压力，他当然是想混过去，压力就会小一些。但这对我们是没有好处的，因为他发现不了问题的根源。如果老板不能学会发问，员工往往就会被表面的现象所迷惑，认为理所应当，也就不去思考了。因此，在管理上我们会有很多的误区，都是下面传导上来的。这时候，我们应该学会不仅是自己，而且要引导下属让他们去看清楚一些东西。

2.关于财务

你请的会计是做什么的？他只是记账会计还是管理会计，这个区分及定位很重要。财务的职责在于总结与控制。财务人员的任务不仅是总结，更重要的是控制过程。他要做预算，要控制成本，要控制费用，要控制现金流，要控制企业的投资方向，企业的负债规模。只有控制过程才能得到想要的结果。

在一般人看来,财务人员应该是老板最亲信的人。因此,很多公司的财务往往都是老板娘或者老板的亲戚朋友。生意不好的时候,我看账也比较多,比以往要多一些。我发现很多的问题其实在财务这个窗口都集中体现出来了。大部分时候公司有问题,会计心里是明白的,问题在于她有没有跟你讲,或者有没有及时跟你讲,有没有帮你去分析?这是有很大差别的。很多会计只是把账给你记上了,有时说不定记都记错了,更不用说给你管理上的建议和一些指导性的意见,这些都没有。

有一段时间,我要求财务人员每个月做完报表以后在每一个明细科目后面要注明是正常还是不正常,应该怎么去改善?应该怎么去管理?她要站在财务的角度,给我建设性的意见。也就是说要逼着她从一个记账会计向管理会计发展。其实,有时候会计、出纳专业的眼光的确跟我们想的不一样,会给我们更多的启发,他们是我们很好的一个内当家。有没有把她用好,这是关键的。其实员工有这个潜力,作为管理者就是要把他们的积极性挖掘出来,让他们来帮你操这个心。平时他们为什么不操心呢?因为你没有把这个责任交给他们,没有让他们操这份心。

举个例子吧。我看了一下,我们每一个月的 POS 机刷卡手续费很高,一个月下来有三四万块钱费用。我在想,为什么我们不能采用其他的方式?比如用支付宝可以省多少钱?其实会计是很清楚这笔钱的,并且记入了财务费用。但我问财务部的人这个问题的时候,他们的第一反应是这个我们管不了,这是销售部门的事情。我很恼火,告诉他们,这个月的奖金就跟这笔费用挂钩,具体要求是要砍掉原来的三分之一。看起来这个目标是很难的,但我发现第二天开始财务部的每个人都会给店面的人打电话,给库管提要求,要求他们动员客户刷支付宝以降低费用。

我对他们讲,现在公司的要求是要么提升绩效,通过销售赚到钱;要么通过控制费用,能为公司节省钱,这都是对公司的贡献。如果两头都不在,那对不起,你可能就会丢掉这个饭碗。我给了他们压力,相信他们一定会不断地跟我们店里的人去沟通,跟库管收银的人沟通。这样很快我们的客户刷卡数量就会降下来,增加支付宝的使用比例。目前支付宝是几乎没有费用发生的,一个月下来这块费用减少一两万是很容易的,这笔钱不是一个小数目。类似的小细节,我们可以想到的还有很多。

3.关于人手

任何时候拿去三分之一的人手，公司运作照常。冗员就像海绵里的水，只要你去挤总是有的。与每一个岗位的员工沟通，让他告诉你，他的岗位或行为对业绩的贡献是什么？说不出来或者不能令你满意，他就是多余人员。一个员工的成本是他工资的五倍！因为要缴纳保险、公积金、离职补偿金、培训、考核、管理成本，要办公桌，要办公设备，要办公面积，要各种沟通消耗，说不定还会犯错找麻烦。因此要加强量化的绩效考核。很多员工不知道工作的目的，他们为了工作而工作，显得自己很忙碌。所以管理者要帮他们理清哪些工作应该做，哪些工作没必要做。无效工作少了，需要的人员自然就少了。

有段时间生意不好，大家要做的事情没那么多。看到办公室黑压压的一片，每个人都低着头，看着电脑，或者看着手机，一言不发。那种心情是很复杂的，或者说是很烦躁的。一是要养活这么多人，再就是看到大家好像都不太争气，心里肯定很郁闷。当然这也只是作为管理者自己心里的想法，其实大部分员工还是想做事的，只是不清楚应该怎么做。那种复杂的心情我不知道大家有没有体会。

经常想，如果时光再往回去两三年，我想那个时候我就应该着手减少一些公司人员。当然这里讲的不仅仅是后台人员，也包括店面的销售人员，销售也不是越多越好的。什么时候减少人最合适？其实不是公司有困难的时候，而是在公司最风光的时候。人员减少到最少，效率往往会最高。中层主管都会告诉你，人手不够，要做的事情太多，给你一个非常完美的岗位编制图。那么你就要善于分辨，某个岗位到底需要几个人，尤其是后台需要多少支持人员。不要等到后台臃肿的时候再去裁人，那就迟了，不过还得下手。

我认为这个问题大部分公司都是会有的，并且迟早都会碰到，只是爆发的时间点会不一样。我们算员工的成本，一定要明确工资绝对不是他所有的成本，而是他工资的五倍，如果你管理得不好，可能还会更高。因此，在雇佣人员的时候一定要慎重一些，要考虑再三。往后发展，人力资源一定是最贵的成本之一。

在调整的时候，我的原则就是用能人、多做事、高薪酬。一定要招聘并且留住能力强的人，哪怕工资给得高一些。把三个人做的事安排给两个人或者 1.5 个人做，然后把三个人的工资拿出一部分来提高做事的人的待遇。只有这样你才能保证留在你公司的人,他们的收入是有满意度的,是能够做成事情的,那些达不到要求的人自然就会被淘汰掉。整个社会用人成本的提高,逼着我们一定要用好的人,用专业的人。

如果你是一个员工,一个下属,你应该明白,公司能够给你的最好的待遇不是工资,而是锻炼的机会。只有你任劳任怨地做了很多事情,在不同的岗位从事不同的工作,能力得到了很大的提升,你的价值才能最大化。因此,公司给你的不单单是钱,还有赚更多钱的能力。能力提高了,为公司创造的价值多了,公司自然会给你更高的待遇。当然如果老板很抠门,你也有资格说“此处不留爷,自有留爷处”,因为外面还有给你开更高工资的老板。员工的心态应该是这样的。

在减少人员的过程中会碰到很多的问题,主管也好,店长也好,往往都会告诉你人少不了,每个人都很忙,因为每天要做很多的事情。他会列举出这个岗位能想到的所有工作职责,有些事情可能一天也就花一两分钟来做他也会列出来。有时候我也的确不知道该怎么回答。情急之中我就问他:如果我们从此以后不做这个事情会怎样?公司会垮吗?店面业绩会掉下来吗?他往往就不说话了。因此我就坚定了一点,其实有些事情不做也不会怎样,那以后就不要做,坚决把人员数量减下来。

闲着没事的时候,我总爱随便找一个后台员工问他一些问题:这个月我们公司的目标是什么?你对这个目标的实现贡献了什么?你在做什么?你的价值是什么?他如果仅仅告诉我一大堆的事情,我并不领情,我要的是结果。他做的事情如果对我增加利润或者减少成本没有什么直接的帮助,我认为这些事情就可以不做,这个人就可以不要。这样的事情太多,这个岗位就可以不要;或者说这个岗位应该做的事情,他没有做到,那这个人就要考虑换岗或者被劝退了。因此你应该让员工时时刻刻去想这些问题:他的贡献度在哪里?价值体现在哪里?如果他不想问题,或者不能很好地回答这些问题,那他就是混点的。

4.关于组织机构

机构一定要精简。人手增加,机构就会增加;机构增加,领导就会增加;领导增加,效率就会降低,并且出现工作推诿、人事关系复杂等恶果,执行力就要大打折扣。总经理下来不要有副总,如果需要有,副总必须兼任部门经理。与其专门雇用或提拔一个人做副总,不如再给某个部门经理一个大一点的头衔,这样效率会更高。

谁都有梦想要把公司做得很大。我们公司有二十三家店的时候,公司接近两百号人，领导大概就有四十多个，店面的店长、副店长还有后台的主管都是领导。当时觉得公司规模还挺大的，这个干部队伍也很庞大，还有点沾沾自喜。但真的需要有这么多当官的吗？

可想而知那时候的官僚主义是多么的严重，只是自己没察觉到。你会发现有时候开会讲件事情，相关部门的人都参加了，但等到后来你去检查这个结果的时候，却发现做得很不好，或者压根就没做。这是典型的三个和尚没水吃。甲以为乙会做，乙以为丙会做，谁都不认为这应该是他的责任。你想找人打板子都找不到合适的。现在人数变少了，机构精简了，一件事情一说出来就很清楚是谁的责任，你不用强调，他的责任感都会强一些，执行力都会高一些，事情自然也会做得漂亮一些。

5.关于办公场所

要尽量缩小办公面积，减少座位数量。要认真审视那些坐办公室的人，真的需要一坐就是一天吗？你的战场在前线，听不到炮声如何做决策？

有一段时间，人员减少了，很多办公场地因为是长期租用的，没办法马上减少，办公室一下子冷清了很多，到处都是空位置。我每天上班看到这种景象，感觉都很不好，有一种衰败感，或者说挫败感。后来我们非常坚决地减少了办公场地，感觉比较聚人气了，大家的交流也更方便、更活跃了，更重要的是成本降低了很多。后来我甚至刻意让座位不够用，让大家有空就往店里跑，到前线去，不要在办公室一坐就是一天。结果证明，效率和业绩提高了很多。

6.关于电话管理

你知道有多少号码是潜伏状态吗？你知道有多少号码或宽带没用了却还在交滞纳金吗？

每个月都会签很多电话费的单子，电信公司每次来都是一大把单子。原来心里想着反正电信公司也不会讹我多少钱，看一看总数，心里有个底就签了。后来经营压力大了，看到要签的单子就来气，因此就一个号码一个号码地看。这才发现有的店面已经不存在了，号码居然还在；有的宽带已经停了，但是忘记交清费用，还要交滞纳金和罚款。我不知道你们的公司这种情况是否存在，我想稍大一点的公司可能都会有类似的问题。要认真地看每个号码，每个宽带，它是不是在发挥作用，在谁的手上。现在互联网这么发达，其实很多电话已经没用了，但你还是要交座机费，钱虽然不多，但是不值得。

7.关于固定资产

固定资产是个大包袱。固定资产不是增加我们的利润，而是侵吞我们的利润。占用资金、大量折旧、大量耗损、升级换代、维修费用、闲置浪费等，都是固定资产带来的问题。要学会外包，学会共享，买车不如打车，买复印机不如租复印机，办公座椅也可以租。

可能最棘手的、最难处理的、最让人心痛的就是固定资产，千万不要被"我有多少多少资产"的思维蛊惑。我想开一家店最失败、最令人心痛的就是做不下去的时候，留下一堆设备和家具。每次撤店都有大量的固定资产，用过的也不值钱了，卖也卖不掉，清理还要支付垃圾清运费。如果要开新店，你还得花更高的价钱去买。因此能不买的就不买，能租的就租。不要增加固定资产的份额，留着现金是最好的。

至于哪些东西可以去租，可能每个地区不同。我今天有件事情很后悔，就是上次人民币发行了个新版，很多老的验钞机验不出来，因此我们一下子就淘汰掉了接近二十台验钞机，朝外卖的话两百块钱都没人要，要知道那时候都是两千多元一个买的。今天买新版的又花了七八千。买完之后我才想到验钞机能不能租？结果一打听，新版验钞机如果租的话，一年一个店报价五百块，租得多还可以便宜。那我干吗还要买，大家觉得呢？

固定资产上的潜力或者空间还是很大的，大家都要去深挖一下。新员工来上班，他肯定问你办公电脑怎么办？我觉得公司给他配台电脑，还不如给他优惠点，让他自己买一台，就是不想增加固定资产。还有现在滴滴打车、神州租车都很流行，公司没有必要去养一部车，外加一个司机。平时公司的人自己用车就找快车，有重要的客户来就找专车，又方便，又便宜。

8.关于采购

采购成本要优化，直接给你的采购人员一个硬性指标：把现有的采购成本优化掉百分之二十，他一定可以做到，不要问为什么。

看到这一条群里的供应商不要恨我！其实这一条也不是我发明的，书上有的是，实际上真的是应该这样做。如果你是供应商，你也有你的上游，你也可以这样去做，真的可以做到。我告诉我们的产品经理，直接成本下降百分之二十，他们说难，太难了，打交道这么长时间了，该砍的都砍了，怎么可能有百分之二十的空间呢？我说如果你做不到，那我来做给你看，或者说你做不到你的绩效奖金就算了，结果可想而知。永远都有空间，你不妨试一试。

鉴于本群友商很多，本条不便于展开讨论，大家各自回去琢磨，大原则还是双赢，毕竟大家都赚钱，生意才能长久。

9.关于费用管理

费用支出前，一定要有预算并获得批准，匿名花钱谁都喜欢，把花钱的手续弄得复杂一点，会节约很多费用。

原来我们的报销流程是各个管理者、店长都有一定的权限。因此他们往往把用了的钱直接填单据，然后逐级上报到我这来。到我这里的时候，反正钱已经花了，一些钱可能花多了，一些钱根本就不应该花，员工都没有当面跟我做申请，自然不存在不好意思的问题。匿名花钱谁都愿意，花起来也容易，只是钱不是他的，他的关心度当然就不会那么高。因为我们店面很分散，所以我经常发现明明公司有的固定资产，他不知道，就重复买了；明明公司有的库存，他不知道，也买了，单据到我这里才发现已经迟了。

当然在还有些事情上我认为是不应该花的，比如说动不动就大家辛苦了一起吃个饭，搞个 KTV，搞个聚会，或者说我们的管理人员出差，犒劳一下员工，也不知道这种犒劳有没有价值和意义。后来我要求，你每掏一笔钱之前必须事先申报给我，“钉钉”上面有很好的报销审批流程，当你有一笔费用想要去花的时候你可以提前把跟这个有关的审核人员加进去。大家在上面批复同意还是不同意。有些钱只有获得我的同意后，他才能够去花，等到这个单据报销的时候我才会签字，否则我是不签字的，这样会减少很多的费用。

10.关于库存

库存是无形的损失，真的需要那么多货吗？真的需要所有产品都上吗？美其名曰为更好地满足客户的需求，但你要付出巨大的代价。

比如 12 寸的 ipad Pro，虽然卖得很少，但是偶尔会有客户问，为了增加销售的可能，每个店都要备货和陈列。最终卖掉的还不如出样的数量多，类似这样为了向客户表明我们货品丰富的库存还有很多，这值得吗？我认为不要花太多心思在那些卖得少的产品上，而应该集中力量去攻克流量型产品。这就类似于不要为了喝一杯牛奶而去养一头奶牛，这是不值得的。然而很多时候我们都这么干，这才导致大量的库存滞销。

并不是所有的产品都要卖的，也不是所有的客户需求都要满足的。那些小众的，可以忽略就忽略掉。当然我们可以采取预订的方式或者说找同行调货，也是好的解决方法。总而言之，没有必要去养一头奶牛，那很难。我现在对我们的库存管理要求是，店面调过去的二十件货必须在十天内卖完，总库原来动不动就一两千万的库存，对不起，到今天为止我已经砍到只剩两百万，目标是真正要接近零库存。

我们做 IT 或者数码类产品，有一点不一样的，他不像卖茶叶、卖酒，有时库存积压了没准是好事，因为产品有涨价的可能。我们的库存基本上都是一直在缩水的，尤其是在市场不好的时候，价格战硝烟四起的时候，谁的库存最少，机动灵活性就最大，获胜的概率就最高。这虽然是一个比较高的要求，但是一定是可以做到的，我就一直在做这样的尝试。

有时候我们开产品的分析会，大家热火朝天地讨论：有的城市电脑卖得很少，一个月就卖两台。大家就讨论我们要做什么广告，要投入什么资源来提升它的销量。从两台提升到五台值得吗？花那么多心思还不如多卖三四台手机来得容易，来得快。当然因为我们是授权店，有时候会受到苹果公司一些指导思想的影响。但是大家别忘了毕竟是自己的生意、自己的店，要有自己的主张，不能被别人的思想控制。

压缩库存，还有一个办法就是缩小库房面积。原来我们有两百平方左右的库房，就是为了放这些最长库存周期六十天、甚至八十天的货。这让我很恼火，一方面货卖不动，滞销；另一方面你还得花钱租场地来存储它。于是，我就决定把库房面积减少一半，让他们没位置放货。你进的货，必须第二天、第三天就把它调出去或者卖掉，否则就别进新货，因为根本没有地方放。

经常会遇到打折促销的情况：买 100 个 100 元，买 200 个 180 元，买 300 个 240 元……为了拿到一个好价格，该买一百个促销品的就买两百个了。为了得到一点点便宜，本来要订一百五十套工装，结果订了两百套——人力资源说是因为觉得未来人数还会增加，所以提前预备，还能省钱。可结果是等到明年，新人来了的时候，原来买的工装可能过时了，或者脏了，谁也不愿意要，还得花钱买新的。甚至明年根本没有新人来,公司还准备裁员呢。这种浪费其实是很多的,为了这些没有用处的产品我还得花钱租个位置来存放,不值得。

说来好笑,我们现在手上还有大量的成本稿纸,那还是2007年的时候印的。当时是一个技术主管搞的,用来填写客户兼容机的DIY清单。当时大概印了三万本,因为很便宜啊,如果你印得少,几百本,一本就要一块钱,如果你印得多,一万本,一本只要一毛钱,所以就一次性印了3万本,当时觉得省了好几千块钱,结果到现在还没用完,而且现在已经不知道该干吗用了,丢掉又可惜,留着又占仓库空间。这是个理念问题,虽然花的钱可能不太多,但是如果这种精神员工不能领悟的话,有很多无形的损失你是不知道的。

11.关于客户选择

不是所有的客户都能让你赚钱的,有的客户让你的流程很复杂,让你的人手增加,还拼命压你的价格,那么他的价值何在?选择对的客户,会让你效率及效益都得到提高;选择错的客户,则意味着噩梦的开始。你想着要赚他的钱,他却想着要你的本。何苦没事找事?

我们公司还涉及一些分销业务,原来就是做一些配件、兼容机方面的分销。因为客户群体还是蛮大的,所以应收账款就非常多。但并不是所有客户到你这里拿货都是好事。有的客户,说不好听点,就像一条蛀虫在不断地侵蚀我们的利润,只是我们没有感觉到。以前就怕过年,因为每到春节的时候,就担心这个客户会不会跑掉,钱什么时候才能结清。为了一个应收款,求爷爷告奶奶,低声下气,睡觉都不安稳,何苦!好在现在苹果产品都是现款现货,赊账的生意不做,才好了很多。

如果有些客户让你觉得很烦心、很郁闷、很难搞,那你真的要分析一下,可不可以放弃掉。在他身上投入的精力、人手,还有很多无形的东西,真是不划算的。这种客户不做,才有更多的时间精力去做有价值的客户。机会成本或许是最大的成本。

12.关于流程设计

要容许个人采购吗?要满足客户的个性化需求吗?个税管理上要有特例吗?

有时候店面会说这个产品我们没有,好不容易有客户开口要,那我们从隔壁同行那里调一下货行不行?当然可以,但我们要求总部统一来调,而不是店面自行去做。之前和几个同行老板沟通过,如果容许员工私自到外面调货,后果是很严重的。一方面他知道这个流程了，他自己当老板会更容易，这无形中助长了员工离职自己当老板的风险；另一方面会不会有猫腻，会不会损公肥私，这些都是要考虑的，事实上也出现过这样的事情。

从表面上看，是不想失去这个生意而采取灵活的方式，其实对企业的伤害是很大的，一是无形中为一些心态、心思不好的人创造了一些犯错误的机会。另外，是不是所有的客户需求都要满足呢？比如说我们有时候做分销业务，因为客户说要星期六、星期天拿货，所以你们要加个班。我们就不得不安排人加班，要给加班费，你只安排销售还不够，库房也要配合，物流也要配合，财务也要配合，为了这个客户的一点点要求兴师动众，整个公司都被搞乱了。

记得原来我们的分销业务曾经赊账达到几百万，后来我们决定不再赊账，有人担心客户会跑掉，结果没一个跑掉的。当我们想做更多的生意，满足客户周末的采购需求，就不得不配合他安排很多的人力物力，花掉很多的费用。后来觉得不能这样，我们得有我们的规矩，星期六、星期天后台人员就不上班，让大家有一个休息的时间。这样很多客户就会在星期四、星期五把货备好，基本上没出过什么问题，大不了个别时候就找店面去调货，应个急也没问题。这样做对我们整个公司的管理大有益处。

定好规则，公司的管理会更流畅、更简单。再给大家举个例子——个税。公司的员工都要缴纳个人所得税，有的收入比较高的员工缴纳的个税就比较高，他对此很有意见。这时候就有人说我们借鉴别的公司的经验，让他们拿费用来报销充抵工资。但是各位，为此我要单独记账，我要做区分，否则就分不出哪些是工资，哪些是真正的费用。在管理上不仅会付出更多，会更混乱，而且增加不必要的风险，不值得。

13.关于出差

一定要出差吗？出差就能解决问题吗？有人说出差不错，有高铁，有空调，有餐饮补助，有电话补助，比在公司上一天班的收入高。其实，对公司来说出差的时间浪费是最大的成本！

不知道大家对出差是怎么管理的。这方面投入的资金也挺多的，或者说吃亏上当也挺大的。有些话听了会很不爽，因为有员工在背后说其实出差挺好的，工资照拿，补贴还高，算起来比在办公室坐一天要划算得多，还不如出去溜达溜达。有时候真的就是溜达溜达。有时我问店面的人，某某人到你们那里出差，对你们的帮助大吗？店面就会说，说实话我们也不知道他过来干啥，转一转，随便问问看看，然后就走了。

有时候某个员工会跟你说，深圳、香港或日本马上有什么展览，新产品很多，我想去看看，为公司引进一些新品。或者说某个品牌的经销商要聚会，会有很多的新思路、新方法，我想去参加一下。结果回来以后就是交一个出差报告，报销一大笔费用，对公司的业务没有任何帮助。

大部分产品信息，平时供应商来公司已经沟通了解过，没有必要再去参加展会。如果派一些没有决策能力的人出差压根不会有什么效果，与其这样还不如不出去，或者老板自己出去。每次出差都要有明确的目标，并且提交明确的结果，要让员工带着任务出去，带着成果回来，老板自己出差也要有压力，要做好表率。

有一段时间，我们一个月的差旅费要两三万块钱，我就想互联网这么发达，非要去当面沟通吗？搞培训非要面对面吗？能不通过 YY 语音，通过 FaceTime 来开会、培训、做检查。你花的只是电话费或者流量费，差旅费、住宿费都省下来了，更重要的是节省了大量的时间，其实这样做以后效果并没什么大的影响。咱们天天给客户推荐最新的信息技术和手段，自己得首先用起来并用得好才行。

14.关于聚会

公司聚会，真的有激励作用吗？会增加团队凝聚力吗？少做聚餐聚会，多做培训、业务竞赛、业务交流，不行吗？

不可否认，吃饭还是有一定的作用的。早期的时候我就蛮喜欢带员工去吃饭，有时候放松一下，或者喝点酒，讲一些该讲不该讲的，真真假假的话，也能达到一定的目的。后来发现有一个部门聚餐，就会有第二个部门效仿，看着别的部门都有吃有喝的，自己也不能甘拜下风。因此，有段时间几乎每个月大家都心照不宣地要聚会一下。找个理由就是要增强团队凝聚力、激励激励大家、放松放松之类的。后来就变成了纯粹的吃吃喝喝，也没发现吃完饭以后大家干劲十足，或者说战斗力多强。再后来我就规定，聚会可以搞，不过每次聚会之前必须要写申请，要讲清楚这次聚会的目的是什么，要讲什么话，做什么游戏，要表扬谁或者批评谁，这些都是有讲究的，这样才会有效果。任何不做设计的简单的吃喝都属于耍无赖。

再后来，我们把这种用于吃喝的钱换成了培训、技能竞赛和业绩 PK。每天谁做得好，就会当场拿到红包。虽然花同样的钱，但是效果是完全不一样的，气氛也不一样，大家更喜欢新的形式。其实很多员工有家庭、有孩子，或者有什么自己的事情，聚会并不愿意去，迫于领导的压力、同事的面子又不得不去，动不动就聚会，真的没必要。

15.关于员工管理

员工离职时，他才是最真实的。平时你所了解的员工，他在你的手下做事，可能很多表现都不是真实的，因为他有所求，或者他要掩饰些什么。真正到了要离开的时候，不管是他主动离开还是被公司辞退，你才能感受到员工真实的状况。有的人虽然是被公司劝退的，但是他还会跟你沟通他在这里学到了什么，表示对公司的感谢，另外没能帮到公司，他也很遗憾。还有的人表示，公司无论安排他在什么岗位，他都愿意接受，工资少一点也没关系，他希望和公司共同成长。这些都是挺感人的。

但也有些人很投机，明明知道自己很快就要离职了，还抢着把没有休完的年假休完，把该补的婚假、产假补完。或者今天拿到年终奖，明天就来辞职。这种情况还是让人觉得比较心寒。还有些人，会刻意地做一些“准备”，因为总是担心公司会把他怎样怎样，他想着要抓一些公司的小辫子在自己的手里才安心。更有甚者，会找各种理由让公司给补偿、赔偿，动不动还要告你。

我们公司的管理一直比较规范，因为公司还小的时候，我们就考虑到只有规范的公司才可能做大，做大以后才不怕有人找麻烦，所以我们公司没有出现这种情况，但是同行出现这种情况的还不少。员工离职以后，觉得自己受到了不公平的待遇，到工商局、税务局、人社局告你一状。没办法，你也必须接受调查，多出很多的麻烦。因此，平常要做些准备，防患于未然。当然，要相信大部分员工都是好的，要善待每一位员工，这样一定会得到回报。

16.关于开新店

如果屈服于厂商的压力，为了开店而开店，违背市场规律，必然导致失败。开一家店，稳定一下，赚到钱后再开第二家，慢就是快，不能激进。如果不能调动以店长为代表的团队的积极性、主动性，就不要在你的视线外开店。没有合适的人，好的机制也无法成功复制。

这个教训也很痛，因为我们是授权店，早期受苹果产品开店地域的限制，很多地方开的店都不好，业绩很差。因此开了二十几家店，后来关了一半，目前还要继续关。

这些都是违背市场规律，为了开店而开店所付的代价。那时候为了能拿到苹果公司的货而大量开店，没想到市场变化这么快，现在苹果公司的货也不好卖。但开了这么多店不拿货也不行，真的是左右为难。因此不管代理什么品牌，我们都要有自己的想法，要打造自己的品牌，不要依附在别人的平台上，或者为了实现他们的目标而放弃自己的原则，最后吃亏的还是自己，我们对这一点要有个清醒的认识。

开店快的时候，我们几乎每个月开 1.5 家店。但后来大部分都失败了，赚到钱的店并不多。现在如果要开店，我是很谨慎的。一定是前一家店赚到钱，稳定了以后才开第二家店。绝对不会因为感觉某种形式的店好像是未来的趋势，好像可以挣钱，或者看到别人挣钱了就去开。我会坚持开一家赚一家的策略，这样可能会慢一些，但最后往往慢就是快。

还有就是远程管理的问题。如果管理跟不上，没有足够的店长和储备店长的团队，那么远程管理店面一定要谨慎。目前，我正在考虑如何把店长发展成为合伙人，让他也做小公司的股东，以后你就会很省心。当然现在形势不好，让店长去创业可能会害了他，但我相信过一段时间形势一定会好起来，有眼光的年轻人会选择在公司的支持下自己创业，做个小老板，以后成长为大老板。

时间关系，今天的分享就到这里，非常感谢各位老板的热情支持和红包鼓励。以后有时间会给大家分享更多大家可能更感兴趣的话题，再次感谢。

附录二 RUF 评估

3C 产品零售管理所涉及的领域很广，在由乱到治过程中要做的工作很多，建议店面采取按部就班、先易后难的顺利依次实施各种管理手段。为此，我们设计了“3C 产品零售管理提升框架”，简称“零售提升框架”（Retail Promotion Framework，RPF）”。该框架参考酒店行业评星的标准，将 3C 产品零售管理体系分为一星到五星五个逐步提高的等级，每个级别包括若干重要的管理手段，也称为最佳实践（Best Practice，BP）。

RPF 的五级架构如下图所示：

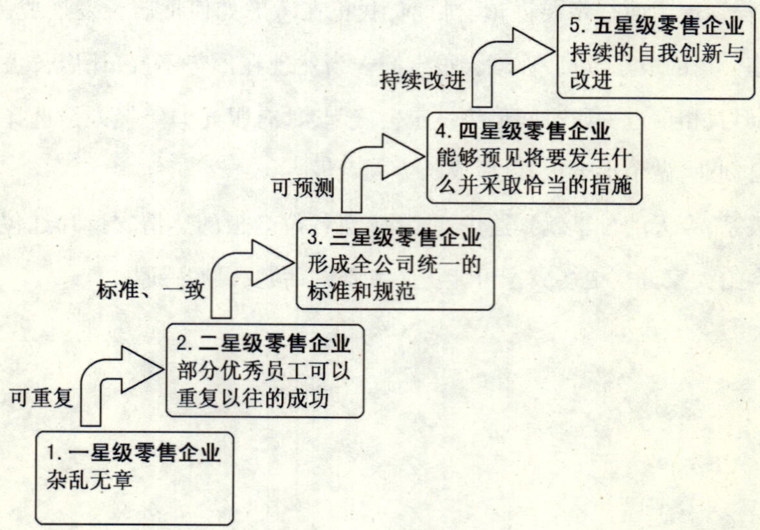

◆RPF 框架图

每个等级所涉及的 BP 如下表所示：

	团队建设类（6）	店面管理类（4）	产品管理类（6）	其他管理类（5）
五星级（5）	终端训练	店面软环境	产品组合	客户关怀 满意度调查
四星级（5）	员工培训	店面选址	动态管理 促销管理	数据分析

续表

	团队建设类（6）	店面管理类（4）	产品管理类（6）	其他管理类（5）
三星级(6)	员工招聘 员工考核与激励	店面装修	销售任务管理 产品选型	知识库
二星级(5)	员工档案 岗位说明书	工作汇报	进销存	客户档案
一星级(0)				

系统设置一系列的检查表，由专人对照企业现实情况一项项进行检查，评定企业目前的管理层级，并对弱项进行重点整改，引导零售企业一步步走向成熟。

每个检查项满分 5 分，评估人员根据公司执行该检查项的情况进行评分，总得分率超过 80%的算评估通过。

二级评估：

BP	检查项	得分
员工档案 （employee document）	对每位员工建立详细的人员档案	
	人员档案除包含基本信息之外，还记录工作表现、奖罚情况、培训情况等信息	
	将销售人员进行分级（如分为工兵型、猎手型、顾问型三个等级），努力提升员工等级	
	定期在销售人员中树立若干标杆员工，其他店员都会向他看齐，形成争先恐后之势	
	定期分析员工构成的合理性，发现问题及时调整	
	小计	
岗位说明书 （post statement）	公司的管理层级最多不超过 4 级	
	员工的晋升设置多条路径，供不同技能和兴趣的员工自主选择	
	员工的晋升设定明确的体系和标准，避免仅凭老板感觉决策	
	工作两年以上的店员一般应该提升为店长，如果未获提拔，则应被列入淘汰序列	
	不提拔从不犯错的人	
	每个岗位设定明确的岗位职责，撰写岗位说明书	
	小计	

续表

BP	检查项	得分
工作汇报（work reports）	所有店长按时提交日报、周报、月报、季报和年报	
	日报、周报、月报、季报和年报有公司规定的统一格式	
	各类报告的数据准确、一致，并且相互关联	
	日报内容包含当日店面销售收入、毛利、月度目标达成率、主力产品销量等数据	
	公司领导根据日报数据可以快速发现问题，并及时加以解决，一般不让问题停留超过 3 天	
	周报分为销售周报和工作周报两个部分，销售周报用于业绩管理，工作周报用于时间管理	
	销售周报、月报、季报和年报要反映出主力产品的销售情况、店面总体任务和个人任务完成情况	
	工作周报可以通过四象限法帮助店长做好时间管理	
	主管按时对各类报告进行反馈，指出问题，提出解决策略	
	各类报告数据被妥善存储和充分利用	
	小计	
进销存（inventory and sales）	主机订货周期一般不超过 1 周，保证库存数量可以满足两周左右的销量	
	配件订货周期一般不超过半个月，保证库存数量可以满足 1 个月左右的销量	
	主力产品由公司统一订货，分发到各个店面，辅助产品可以由店长自行订货	
	公司和店面分设仓库和库存管理员，公司仓库仅作为产品暂存点，主要库存在店面	
	利用 POS 机进行快速收银，尽量减少客户付款等待时间，最长不超过 1 分钟	
	利用信息系统进行进销存管理	
	定期对库存进行盘点，避免货物丢失	
	对于库存超过 3 个月的滞压产品采取特殊管理手段进行促销	
	小计	

续表

BP	检查项	得分
客户档案 (client document)	对每位客户建立详细的档案	
	客户档案包括基本信息、家庭情况、工作情况、兴趣爱好、业务往来、需要解决的问题等信息	
	通过各种渠道逐步充实客户档案中的每一个细节	
	按照消费频率、消费总额两个因素对客户进行分类	
	逐步增加老客户的数量和质量,提升高等级客户的数量	
	小计	

三级评估:

BP	检查项	得分
员工招聘 (employee recruit)	老板亲自参与招聘工作	
	招聘的人员以本科为主,最低是专科	
	内部员工推荐为主,人才市场招聘为辅	
	把招聘活动当作销售来做,把最合适的人员吸引到公司来	
	学习能力和责任感是招聘最主要的考虑因素	
	主要招聘有两年以内工作经验的人员,最好不要在零售行业做过	
	在招聘现场营造有充分吸引力的氛围	
	把招聘作为一项常规工作,定期组织,储备人才,并且形成优胜劣汰的机制	
	找出企业吸引人才的三大特点,在招聘现场不停地广而告之	
	专人负责,对招聘过程进行周密的计划和安排	
	对招聘活动进行认真总结	
	小计	

续表

BP	检查项	得分
员工考核与激励（employee appraisal）	公司定期对全体员工进行考核，考核有客观而明确的标准	
	重点考核销售业绩、销售配比和客户保持力等指标	
	销售人员的毛利提成在10%以上，保持足够的刺激力度	
	把对员工的严格要求和磨炼视为对他们的爱和培养	
	公司根据考核结果对员工进行奖惩	
	考核结束后，主管和被考核人员进行有效交流	
	店长要坚持定期和关键员工（关注他，就可以提升业绩的员工）进行一对一的沟通，至少每月1次	
	及时发现员工状态低迷的原因（70%因为利益，30%因为人际关系），给状态低迷的员工以负激励	
	定期对员工按照销售业绩进行排名，并奖罚兼顾	
	老板以适当的形式让每个员工感到你对他的重视	
	鼓励员工亲属到公司工作，但尽量不要在一个店里	
	让员工的父母和家人感受到公司对他们的重视和关爱	
	鼓励并帮助核心员工买房、买车，不让员工手里有太多现金	
	小计	
店面装修（store decorate）	公司对店面装修有自己独特的定义，而不仅仅依赖厂商指导	
	店面装修要考虑主力产品展示区、宣传品展示区、配件陈列区、客户洽谈区、技术服务区、收银区六大区域的不同需要	
	尽量给客户舒适的活动空间和足够的座位	
	处处体现对客户的关爱	
	装修体现简洁、明快、实用、环保的特点	
	大店的装修要保留宽敞的展示和体验空间，丰富的产品陈列和配件组合。充分彰显店面和企业的实力，最大限度地吸引优质客户，同时注重细节	
	小店的装修要珍惜每一寸面积，展示更多产品，让优质的产品触手可及，充分激发客户的购买欲望	
	不要让玻璃门窗将产品与客户隔开	
	装修能充分衬托产品，而不是喧宾夺主	
	形成公司自己独到的装修风格	
	小计	

续表

BP	检查项	得分
产品选型 (commodity selection)	充分掌握全面的产品信息	
	配件大类不能缺	
	坚持选择知名品牌的畅销品或选择客户需要的特色产品	
	选择有生命力和延续性的产品	
	一般从某类产品的分销商——而不是厂商或总代——那里进货	
	尽量不选择竞争对手临近店面已有的产品	
	对通过初步选型的产品进行1个月左右的试销	
	公司设立专业“买手”，寻找最具吸引力的产品，感受服务水平，提出改进意见	
	主力配件的数量维持在20种左右	
	小计	
销售任务管理 (task management)	公司根据往年的销售业绩和今年的销售预期确定今年的年度总任务，并分解到月度	
	公司的月度任务通过适当的途径分解到各个店面，领导和店长都能认可任务分配，并签署责任状	
	店长将月度店面任务分解到周，并且分解到个人，销售人员和店长就销售任务的分配可以达成一致	
	公司定期根据销售情况和发展趋势重新审核任务，必要时进行调整	
	销售任务和工作汇报结合起来，以便随时监控任务完成情况	
	销售任务的确定要符合SMART原则，并与相关人员进行充分的沟通	
	尽可能定一个员工通过一定的努力才可以达到的目标	
	通过数据分析会等手段根据任务完成情况分析存在的问题，及时提出改进措施，并执行到位	
	小计	

续表

BP	检查项	得分
知识库(knowledge management)	公司建立知识积累的闭环体系	
	公司的工作总结、业务资料、经验教训等都以统一格式进行保存,知识库得到不断积累	
	员工可以方便地查阅和利用知识库的内容	
	知识库的内容对公司业务有很好的指导作用	
	公司提供网上渠道供员工交流知识,互通有无	
	小计	

四级评估:

BP	检查项	得分
员工培训(employee training)	公司有专人负责总体培训的组织和安排	
	公司有完善的培训制度和健全的培训体系	
	定期通过现状分析获得培训需求	
	主要培训活动的计划、执行和总结有翔实的记录	
	老板重视并亲自参与培训工作	
	建立培训师团队,对培训师进行认证,并与待遇、晋升挂钩	
	培训师可以外聘,但主体来自企业内部	
	培训不仅要训,更要练,实训要占到主要的比例,通过训练让员工做“职业零售人员”	
	重点组织新员工培训、预备店长培训、后进人员再培训三类培训活动	
	每位新员工都经过入职培训	
	新员工入职培训持续时间在1个月以上	
	新员工入职培训总学时数在50个小时以上	
	每位新员工入职2个月内都有一位老员工做导师	
	导师在工作过程中对新员工随时进行指导	
	新员工培训内容包含文化制度、产品知识、销售技巧、素质提升、价值观、团队精神等相关方面	
	每位店长就职前都经过相应培训	
	预备店长培训总学时数在20个小时以上	

续表

BP	检查项	得分
员工培训(employee training)	预备店长培训内容包括店面营销管理体系、终端训练技巧、课程讲授技巧、中层领导力与团队精神等	
	对业绩有问题的人员进行再培训,培训过程中表现不好的人员将被淘汰,表现好的人员重新上岗	
	小计	
店面选址(store location)	建立严格的选址标准,不符合要求的店面坚决不开	
	安排专人负责,进行为期两到三周的实地调研,详细掌握店面信息	
	对有效客流、有效面积、周围店面、店租、卖场的演变、其他干扰因素等进行分析以确定选址	
	店面选择在卖场、商场、商业区、社区、宾馆或机场等主力商圈,首选高档社区聚集区	
	在大城市可以考虑多种选址方案,在中小城市只选择最有影响力的商圈	
	店面面积在60~200平方米,位于客人容易发现和到达的位置,可以独立收银,安全有保障	
	客户通过地铁或自驾车可以方便地到达,店面附近有足够的停车位	
	初步选址后,要进行财务分析和风险分析,以确定开店的可行性	
	小计	
动态管理(dynamic management)	每周分析产品的销售情况,对销量和毛利进行排序,找出明星产品和滞销产品	
	对明星产品总结并交流销售经验	
	对滞销产品分析存在的问题,提出改进措施	
	对于长期滞销的产品(超过3个月的库存周期)要及时进行调整	
	小计	

续表

BP	检查项	得分
促销管理（promotion management）	公司及店面经常性的组织促销活动，使之成为一项常态化的工作	
	促销活动有明确的主题，并且在整个活动中突出这个主题	
	促销主题的选择针对特殊日子、重点产品、特定客户群等有不同的方案	
	促销活动要明确的预期目标	
	要事先确定促销产品、策略和奖励办法，将促销活动的结果和每个参与员工的利益结合起来	
	制定促销活动方案、计划和预算	
	促销活动的广告宣传策略生动有效	
	活动实施过程中进行有效监控和及时调整	
	把促销活动作为培养新人的重要手段	
	促销活动结束后进行总结	
	小计	
数据分析（data analysis）	通过数据分析工具定期进行销售、产品、客户、员工等方面的数据分析	
	重点分析交易量、销售效率、资源利用效率、客户反馈四大类指标	
	通过数据分析知道企业的赢利点和最有价值的客户、产品在哪里	
	通过数据分析调整客户、产品结构，针对不同的客户群采用不同的市场策略	
	通过数据分析预测未来的销量趋势，合理制定销售策略	
	通过数据分析掌握产品的销售走向，并制定相应的产品调整策略	
	通过数据分析提升人力资源管理	
	通过数据分析了解客户购买习惯，合理调整产品组合和摆放	
	小计	

五级评估：

BP	检查项	得分
终端训练 (terminal exercitation)	通过晨会、集中训练和现场训练相结合的方式开展终端训练	
	坚持每周5~6次，每次20分钟左右的晨会	
	晨会内容包括工作部署、经验分享和销售动员等方面	
	工作部署包括介绍团队与个人目标和绩效进展情况、发布即时的产品信息、宣布公司及店面管理的各项要求、进行例外的通知、评比、检查等	
	及时发掘销售团队中的亮点，并且让员工学会分享。分享的内容集中在重要产品或特色产品，以及主流客户需求分析和应对策略	
	销售动员主要宣布重点产品推广计划、促销计划等	
	公司每周组织一次老板、中层干部、产品经理和所有店长参加的数据分析和产品专题会（周例会）	
	周例会主要进行数据分析、工作安排和经验交流	
	周例会主要集中研究两个方面：关键产品和关键员工	
	在周例会上通过分析重点数据（四周滚动数据分析表）的变化趋势，清晰地显示店面工作的扎实程度，并且帮助管理者找到问题的根源，尽快调整策略	
	周例会不仅关注销量和毛利，而且更要关注主机和配件的配比率	
	周例会简短有效，可以起到交流经验、解决问题、部署工作、鼓舞士气等的作用	
	店面每周安排2~3个晚上的集中培训。由经验丰富的老员工、当期销售冠军讲述销售经验，全体店员参加	
	每周一次组织各店面之间开展销售技能竞赛。竞赛内容包括重要销售环节的个人展示、主力产品销售话术、高精尖产品或配件的销售经验分享、讲述你与老客户的故事等	
	不定期举行店面现场训练，主要通过团队分享方式展开	
	给每位新员工指定一位经验丰富的老员工作为导师，指导新员工尽快提升销售技能，解决新员工遇到的各种问题	
	完成销售过程后，马上进行"复盘"，即分享总结，给出切实可行的指导	
	用店面样机现场做产品和技术培训	
	小计	

续表

BP	检查项	得分
店面软环境（storefront soft environment）	每天早上到店后首先进行卫生清扫，店面时刻保持干净、整洁	
	对店面保洁方面提出具体要求，并严格检查，比如样机不能有指纹、展示桌表面和底部不能有灰尘等	
	灯光运用合理，营造舒适的氛围	
	背景音乐选择轻音乐，音量控制在20~25分贝之间，不同时间段播放不同类型的音乐	
	产品陈列可以让客户触手可及	
	同一主机的相关配件摆放在一起，便于客户选择	
	每种产品摆放3个以上不同档次的产品，让客户做选择，必要时设置“产品托”	
	样机保持开机状态，并置于最能吸引客户的界面	
	广告促销手段运用得当，充分调动客户的购买欲望	
	店里放一面镜子，推荐部分产品时可以让客户照一照，比如把包当成服装卖	
	展示产品的补给及时有效	
	店员人数足够应对高峰时期的客户	
	店员着装整齐，精神面貌良好	
	门口迎宾的员工不超过2人，对刚进店的客人主动相迎，打招呼	
	不对客人过于热情，不一直跟着客人，但客人需要时第一时间到其身旁	
	员工不必统一服装或做明星标记，让店外路人看着像客户，但店内客户能知道有问题该找谁	
	与客人交流不正对着客人，要站在客人侧面	
	员工熟悉产品知识，并且喜欢所销售的产品，可以为客户做恰当的讲解，并以自己的激情打动对方	
	运用FAB法则介绍产品	
	店里有足够的供客人休息洽谈的座位，提供茶水，为个别重要客户提供足够的私密空间	
	让尽可能多的客户尽可能长地留在店里，平均客户驻店时间在15分钟以上	

续表

BP	检查项	得分
店面软环境（storefront soft environment）	给达到一定能力水准的销售人员充分授权，比如打折、送东西、决定退换货等	
	基本按照获取认可、了解需求、推荐产品、促成成交、现场服务、二次销售、欢送客人、跟踪服务等环节实施销售	
	客户第一次询价时，不急于回答，而是先设法了解客户的需求，为其推荐最合适的产品	
	根据客户着装、携带的物品等细节确定客户层次，以推荐合适的产品给客户	
	不在客户面前表现得过于强势、过于专业，适度露怯以赢得好感	
	尽可能多地让客户亲身体验产品，选择充分吸引客户的应用进行展示	
	销售人员有自己在店里相对固定的区域，该区域摆放其熟悉的产品，让最熟悉该产品的员工向客户做推荐	
	小计	
产品组合（commodity combination）	对每款主机选择 6 款左右的配件作为主推产品	
	选择主力配件的依据是产品选型的分析结果和实际销售的数据	
	针对每款主力产品依据“追求幸福、脱离痛苦”的原则提炼卖点	
	对卖点进行充分演练，让每个销售人员都熟练掌握	
	每月确定 1~2 款产品作为关键产品，通过各种手段促进关键产品的销售	
	让购买主机送礼的客户也能购买配件	
	将产品按销量进行排名，通过广告牌展示给客户，引导客户的购买欲望，可以把自己主推的产品放到排行榜的适当位置	
	小计	
客户关怀（client thought）	3C 产品零售企业的目标：所在城市的高端人群的 3C 产品零售顾问。因此要租高端客户容易找到的店面，选高端客户喜欢用的产品，招高端客户喜欢打交道的人	
	把成交看作与这个客户长期做生意的开始	
	对推荐客户的客户表示感谢	
	在实现销售后一段时间内给客户进行一些必要的使用提醒，借机销售服务产品	

续表

BP	检查项	得分
客户关怀（client thought）	成交7天之内给客户发个短信，回访一下	
	在客户生日等重要场合给客户送上祝福	
	尽量以短信、邮件等形式进行客户回访，不要直接打电话	
	建立一支专业的服务队伍，为客户提供上门服务	
	通过给客户培训赢得客户回店的机会	
	小计	
满意度调查（perception research）	定期或随时对客户进行满意度调查	
	定期满意度调查要涉及各个类别的客户，每个类别选取5名客户以上	
	随时的满意度调查主要安排在客户交易完成后	
	设计有针对性的满意度调查问卷	
	问卷以选择、判断题为主，不增加客户太多的负担	
	对参与满意度调查的客户以适当形式表示感谢	
	通过满意度调查发现公司存在的问题，不断加以改进	
	客户满意的标准是他成为老客户，并且带来其他客户	
	小计	

附录三　零售终端管理手册

第一部分　公司理念

公司理念

企业目标：

企业精神：

第二部分　销售代表岗位要求

一、定义

销售代表是企业在终端的代表，在终端直接代表公司形象，对树立良好的品牌和企业形象，对终端市场的建设与维护起到举足轻重的重要作用。

二、销售代表的作用

1.提高产品在终端的竞争力，促进消费者完成购买活动。

2.完成公司制定的销售目标。

三、销售代表的规范化管理

对于销售代表的日常管理而言，严格、专业、规范的培训是塑造优秀的终端销售代表的必要条件，必须狠抓终端销售代表的日常管理，做好绩效考核，以充分调动销售代表的积极性。

应注意以下几个规范：

【形象】

1.终端销售代表在工作时间内严格按照要求穿着规定服装，作为整个企业的形象代言人，销售代表是消费者了解企业的一个窗口，因此衣着一定要整洁大方、干净得体，切忌浓妆艳抹，奇装异服。

2.经常保持微笑，会让顾客觉得有亲和力，要用充分的自信、友善的精神面貌接待每位顾客。

3.用自己希望别人对待自己的态度去对待别人,这样可以减少工作中遇到的困难。

4.杜绝使用污秽言语冒犯他人,即使是顾客错了。出口粗俗、冒犯他人是品格低下的表现,会使消费者对你销售的产品产生抵触心理,更是严重的违纪行为。

【着装礼仪】

<table>
<tr><td>类型</td><td colspan="2">服饰礼仪要求</td><td rowspan="2">备注</td></tr>
<tr><td>性别</td><td>男性</td><td>女性</td></tr>
<tr><td>服装</td><td>商务装,商务休闲装</td><td>商务装,商务休闲装</td><td>店面不许穿厚重棉衣或毛领大衣</td></tr>
<tr><td>领带</td><td>领带颜色不可过于鲜艳,图案不得怪异</td><td>不佩戴或佩戴职业领带</td><td>佩戴领带时衬衫下摆要收入裤子内</td></tr>
<tr><td>化妆</td><td>严禁化妆</td><td>化淡妆,严禁浓妆</td><td>必须注意个人卫生</td></tr>
<tr><td>衬衫</td><td colspan="2">领口或衬衫要保持干净、整洁</td><td></td></tr>
<tr><td>裤子</td><td colspan="2">裤子要求与上衣面料、颜色搭配协调</td><td>女性可穿着职业套裙,但不可穿超短裙</td></tr>
<tr><td>袜子</td><td colspan="2">袜子纯色面料,深色袜子以黑色为佳</td><td>女性可穿着与服装搭配图案的袜子</td></tr>
<tr><td>鞋子</td><td colspan="2">鞋子以黑色和棕色为主,并时常保持光亮</td><td>女性可穿与服装搭配的浅色皮鞋或休闲鞋</td></tr>
<tr><td>头发</td><td colspan="2">头发干净整齐,发型不怪异</td><td>头发经常清洗</td></tr>
<tr><td>双手</td><td colspan="2">双手干净,指甲内无污物</td><td>在卖场内不许戴手套</td></tr>
</table>

【行为规范】

1.提前10分钟到达岗位,将所有样品擦拭一遍,保证样品无灰尘、无污染,光亮整洁。

2.在工作期间应保持站立姿势,仪态端庄、落落大方、精神饱满、面带微笑,双手合于身前,抬头挺胸,对于到本区域的每一位消费者都应点头示意,在了解消费者的意图后,再为消费者介绍产品。

3.在进行咨询工作时,应以礼貌而热情的态度,表述清晰,诚恳自然,接待消费者或与其他人员交谈时,应目视对方双眼以示专心;距离要适当,咨询过程中,注意力应集中在消费者身上，认真听取消费者的提问，针对消费者的问题进行仔细解答，不要强留消费者免费介绍，严禁在现场与亲朋好友进行交谈。用标准普通话或本地方言向消费者介绍产品，不要贬低其他品牌的同类产品。

4.给消费者介绍商品或进行演示时，动作要轻盈、准确。介绍产品功能时，可适当做手势，但动作幅度不要太大，不要用手指指点点。对产品要轻拿轻放，爱惜保护，熟练掌握产品使用的每项技能。

5.在客流量大时要应付自如，能够做到“送一、答二、照顾三”，即送走一批消费者的同时，回答第二批消费者的提问，同时也能照顾第三批到店面的消费者。

6.工作态度耐心、细致、不急不躁，对消费者的提问要细心解答。

7.如男士与女士同行时，男士应让女士先行，与消费者同行时应让消费者先行，与消费者握手时，应自然大方。

8.必须遵守工作纪律，搞好客情关系，但任何情况下不得泄露公司情报。

9.不许在柜台或工作区域化妆、吃零食，不准看与工作无关的书报。

【心态】

1.销售代表必须具备正确的服务心态和从业观念，并通过亲身的经历与揣摩，适应整个工作环境，从而与顾客建立良好的客情关系，完成销售任务。

2.在推销商品之前先推销自己，让顾客接受你，赞同你的观点，就已成功了一半。

3.要建立积极乐观的心态，做到诚实、热情、心胸宽广，对待顾客一视同仁并且会站在顾客的立场上考虑问题。

4.要热情饱满，精力充沛，给顾客以愉快、健康、安全的心理感受，并且善于化不利情绪为有利情绪。

【岗位职责】

零售主管（产品经理、店长）：

1.负责销售代表的日常管理工作，包括：产品销售量的督促和统计、人员管理、报表整理、档案管理、建立信息反馈制度。

2.对销售代表反馈的产品、质量、顾客、竞争对手等方面的信息应及时汇总，并向上级管理主管汇报，并按公司规定的时间递交各类工作报表。

3.负责各项营销和培训工作的具体落实。

4.掌握库存动态,做好货源的跟踪落实。

5.具体管理各终端样品,各 POP 宣传品的摆放,指导销售代表保持展柜或展架上的产品摆放整齐、清洁有序。

6.对销售代表进行监督、审核。

第三部分　销售现场指南

营业准备

• 到岗登记打卡,上岗前化好淡妆。

• 换、佩带工牌,检查仪容、仪表。

• 打扫卫生,整理货品、货架。

开始营业

1.营业时遵循“三米微笑”原则,即距离客户三米时微笑迎接客户。

2.打招呼

打招呼、敬礼的正确要领:

①颈部:头颈不能弯曲;

②背部:背部须直,姿势要端正;

③手部:双手自然下垂,五指轻拢;

④眼睛:目视对方的眉心。

3.礼貌用语

(1) 见到顾客应主动打招呼,“先生,您好! 欢迎光临天佑连锁”。

(2) 营业中不能紧跟顾客身后,客户有需要时,应立即赶到解说,态度诚恳、热情。用语中多用“您好”“有什么可以帮到你吗”……

(3) 暂时无法脱身的情况下,应说声:“请稍等。”

(4) 怠慢顾客时,应说声:“让您久等了。”

(5) 顾客离开时应说声:“多谢惠顾,请再光临。”

(6) 平时的话语中,尽量使用礼貌用语。

4.接受顾客的投诉

(1)诚恳聆听顾客的投诉。

(2)询问清楚顾客投诉的对象(如产品质量、人员、环境等)。

(3)对顾客表示歉意。

(4)对此事提出自己的处理意见。

(5)检讨事项的处理结果。

5.十二种禁忌行为

(1)营业时靠门或柜台。

(2)营业时间干自己的活。

(3)对顾客的招呼视而不见、充耳不闻。

(4)吃零食、闲聊,在店内对镜子化妆。

(5)打瞌睡、看书看报,用白眼瞅过往的顾客。

(6)递拿商品时漫不经心,粗鲁地把商品撂在柜台上,或者把找给顾客的钱扔在柜台上。

(7)与同事在营业时间打情骂俏或出语粗俗。

(8)顾客离去之后,与其他的店员对顾客评头论足。

(9)顾客看货物时,从他与商品之间穿过去。

(10)因为一个顾客没买东西就不爱搭理。

(11)顾客询问与购物无关的事时,不愿回答。

(12)把顾客落下的贵重物品据为己有。

结束营业后的工作

(1)打扫好卫生,整理货柜、货架。

(2)填好当日营业报表(销售日报表、客户信息资料表等),并报交公司。

(3)检查终端安全设施。

(4)锁好门窗。

第四部分　销售技能培训

一、销售代表的心态与应具备的素质

——态度决定一切

终端销售工作有没有干好,可能是能力问题。但是,有没有好好干,却完全是心态的问题。

——勇气和自信心

做一名销售代表应具备充分的自信心，坚信自己能成功，有了自信心就有了勇气和向上的动力。自信心的建立能在不断地获取经验中得到加强，并逐步做到办事胸有成竹，此外，自信心还来源于知识、成功的经验和失败的教训，有时讲究装束和打扮，良好的仪表和服装也能给我们带来勇气和信心。

——熟悉产品知识

销售代表必须熟悉产品的基础知识，包括企业简介、产品特点、独特优势，以及带给消费者的利益或好处等。

——说服能力

假如只有产品知识与自信，却没有说服力，没法使顾客产生购买欲，那并没有达到导购的基本要求，更不能为公司创造价值。因此，销售代表必须时时刻刻训练自己的口才，包括：①对无购买意愿或对公司产品无任何意识者，使其得到较满意的产品知识，从而激发其购买欲；②对一些犹豫不决的顾客，使其实现购买；③对有明确的购买意愿的顾客，使其产生极好的满意度，从而实现重复购买。要做到以上这些，都必须具备很强的说服技巧。

——个性魅力

开朗，具感染力，时刻保持轻松的情绪。

热心，富亲和力，表现得专业可信。

诚意，对企业忠诚，同时也以真诚取得客户的信赖。

虚心好学，处处留心，事事留意，把心思花在如何提高产品的销量上。

提高处事的应对能力，同时不断地完善自身的知识结构。

二、接近客户的机会

1.顾客注视特定的商品时。

2.顾客以手接触商品时。

3.顾客表示出寻找商品状态时。

4.与顾客的视线相遇时。

三、记住顾客购买心理的七个阶段

(1)开始留意商品。

(2)对商品感兴趣。

(3)联想使用情况。

(4)对商品产生欲望。

(5)比较商品价格。

(6)信任导购或商品。

(7)决定购买。

切勿忘记,顾客的心理变化无常,经常在这七个阶段中反复考虑。

相应的导购流程:了解顾客需求→刺激顾客欲望→推销产品利益→取得顾客信任→识别顾客购买信号→提出成交要求。

四、顾客购买过程描述

<table>
<tr><td></td><td>来到柜台前</td><td>注意</td><td>兴趣</td><td>联想</td><td>欲望</td><td>比较</td><td>信任</td><td>购买并满足</td></tr>
<tr><td>消费者</td><td colspan="2">消费者来到柜台前,凝视某一商品时,表示他对商品感兴趣,这是极为合理的接近时机</td><td>顾客反复接触或仔细看商品的相关宣传资料,突然抬头,寻找销售代表,或在浏览过程中突然止步</td><td>当顾客从不同角度看或触摸商品,并开始向销售代表咨询产品信息,比如:苹果电脑与其他电脑有什么不同等</td><td>在听到销售代表的介绍后,一般情况下会向销售代表问及价格或有没有优惠等</td><td>消费者会有意或无意地说:“太贵了,这一款产品,人家才卖＊＊＊元。”</td><td>这个产品有没有保修,如果我买回家过几天坏了怎么办</td><td>在你们这里买东西可不可以刷卡</td></tr>
<tr><td></td><td>待机</td><td>初步接触</td><td>了解消费需求</td><td colspan="2">顾问式推介</td><td>解决疑问</td><td>建议、关联购买</td><td>收银并送客</td></tr>
<tr><td>导购人员</td><td>您好!欢迎光临天佑连锁,请问有什么可以帮忙的</td><td>请您随便看一下,有什么需要帮忙的,你就吩咐</td><td>您对哪一款产品感兴趣,我可以向您介绍一下</td><td colspan="2">这是苹果公司最新推出的产品,你真有眼光,这个产品是——</td><td colspan="2">这个产品——
就买这个是吗?一共×××元。还要不要看看其他产品</td><td>麻烦您在保修单上填写相关信息,以便随时与我们服务中心取得联系,这是我们的电话……
您慢走!欢迎您下次光临天佑</td></tr>
<tr><td>阶段</td><td colspan="3">销售开启阶段</td><td colspan="4">展示产品阶段</td><td>完成销售阶段</td></tr>
</table>

五、消费者的购买动机

类型	目的	表现	核心
求新动机	时尚新颖	不太注重商品的价格	时髦奇特
好胜动机	争强好胜	注重品牌,不注重使用价值	争赢摆阔
求名动机	显示自己的地位和威望	注重商品造型、色彩、包装等外在美,讲究对人体的美化和对环境的装饰	感受
求实动机	追求商品的使用价值	注重商品的内在质量和效用,讲究实惠、实用和使用方便,不过分强调外观、花色、款式等	实用有效
求廉动机	追求物美价廉	追求廉价,喜欢选择折价、优惠价、处理价商品,不太计较产品外观质量,如花色款式及包装等	求实求惠
偏爱动机	满足个人特殊偏好	对某一类型的特定商品经常地和持续地进行购买,很多苹果的客户收集苹果系列产品	偏好
求信动机	追求某一商店的信誉	购买行为由潜意识支配	信誉

六、应对各种类型顾客的方法

类型	应对重点
1.悠闲型(慎重选择的顾客)	1.慎重地听,自信地推 2.不焦急或强制顾客
2.急躁型(易发怒的顾客)	1.慎重的言语和态度 2.动作敏捷,不要让顾客等待
3.沉默型(不表示意见的顾客)	1.观察顾客表情、动作 2.以具体的询问来诱导
4.饶舌型(爱说话的顾客)	1.不打断顾客话题,忍耐地听 2.把握机会切入主题
5.博识型(知识丰富的顾客)	1."您讲得好专业"等赞美语 2.发掘顾客的喜好并推荐商品
6.权威型(傲慢的顾客)	1.在态度和言语上特别慎重 2.一边赞美其携带物一边进行商谈
7.猜疑型(疑心病的顾客)	1.以询问把握顾客的疑问点 2.确实说明理由与根据

续表

类型	应对重点
8.优柔寡断型(欠缺判断力的顾客)	1.对准销售重点,让顾客比较 2.“我想这个比较好”之类建议
9.内向型(性格软弱的顾客)	1.以冷静沉着的态度接近 2.配合顾客的步调,使其具有信心
10.好胜型(不服输的顾客)	1.尊重顾客的心情和意见来推 2.若顾客要求建议,要具有自信
11.理论型(注重理论的顾客)	1.条理井然地说明 2.要点简明,根据明确地说明
12.嘲弄型(爱讽刺的顾客)	1.以稳重的心情接待应对 2.以“真会开玩笑”等话语带过嘲讽

七、介绍产品时应注意的问题

1.保持和谐愉快的气氛。

2.对顾客的询问要耐心细致地回答,不厌其烦。

3.要以和善的口气来介绍产品,切勿自以为是,使用理所当然的语气。

4.要配合顾客的认识进度,不急于把所有的产品特点一口气讲完,即要让顾客有思考的时间,一次性注入过多的信息量,顾客接受不了,效果反而不好。

5.给予顾客提问的机会,以把握顾客的需求心理动态。

6.尽量使用客观证据说明产品特性,避免掺杂个人主观臆断。

7.充分示范产品特性,增强说服效果。

8.尽可能让顾客触摸、操作产品,以增加其购买兴趣。

9.不论是说明或示范,都应力求有效生动。

10.顾客就产品提出问题后要立即回答(价格问题除外),以免顾客失去兴趣。

11. 倘若顾客提到竞争产品,可装作没听见,尽量不说或少说,语气上要显得轻描淡写,一句带过,假如不可避免要谈及竞争产品有优势的地方,要以较为客观的态度来评价,并巧妙地引导到我公司较具优势的地方。

八、抓住成交前的信号

1.询问某项事情或与某种产品有关的事项。

2.开始沉思考虑。

3.翻看价码卡，注意商品价格。

4.用手一再触摸该商品，将商品放在手边。

5.确认商品是否有缺陷，制作是否精良。

6.很小心地处理某样商品（已经把商品当作自己的东西了）。

7.注意售后服务。

一般在顾客有这些举动之后，你可以再向他强调一个比较有针对性的优点，然后轻声确认："您还看其他产品吗？"如果客人还在比较二三样商品，你应该注意哪个是他最中意的，并集中在这项商品上推荐。一旦顾客已明确了意愿，就直接询问，如："我可以帮您开票了吗？需要我帮您把产品包起来吗？"

九、处理顾客异议

顾客在购买过程中，会出现多种多样的异议，主要表现在以下几个方面：

1.货源异议

——产品异议：顾客已了解产品的信息和自己的需要，但是担心眼下这种产品是否能够满足这些需求。

——企业异议：对销售态度、销售服务等提出的异议。

——销售代表异议：顾客针对销售代表而产生的异议。

处理要点：销售代表既要提高自身的服务质量，又要将客户的货源异议信息及时反馈给企业，还要运用各种技巧改变客户的主观看法。

2.价格异议

在购买过程中，销售代表会经常遇到讨价还价的客户，面对这样的客户，销售代表既使在允许的价格折扣内也不要马上做决定说"可以，我给你打折"，马上给客户优惠，客户会认为还有降价空间。面对这样的情况，销售代表必须掌握必要的讨价还价的技巧。

处理要点：

——看客户的经济状况和支付能力。

——客户可能基于同类产品的价格，即使是真的比其他店贵，也一定要强调本公司产品的卖点特色、售后服务及品质等，说明"物有所值"，即将价格与价值结合起来。

第五部分　销售管理——终端导购考核标准

终端:销售代表:　　　　　　　　　　　　　　　　　　　　年　　月　　日

序号	项目	检查细分	考核标准	标准分	得分	差异
1	配置及形象	配置	在岗	3		
		仪态	统一着装,仪态稳重,端庄自然	3		
		精神面貌	精神饱满,面带微笑,保持愉快心情,做好顾客咨询服务,树立企业形象	5		
		姿势	站立,不得倚靠或坐卧	3		
2	工作纪律	考勤制度	遵守上下班及其他规章制度,不迟到早退,不擅自离岗	5		
		商场纪律	上班不吃零食,不看报刊,不聊天打闹	3		
		保守秘密	保守商业秘密	3		
		服务忠诚	不为竞争品牌提供任何服务	3		
		迎候顾客	积极主动,礼貌大方	5		
3	工作表现	产品介绍	详尽地介绍产品特性、优点及使用方法,对顾客提出合理化建议,不搪塞顾客	5		
		售中服务	耐心接受顾客挑选产品,不急不躁	5		
		售后服务	乐意帮助,提供解决方法	3		
		信息收集	竞争品牌的市场动向、产品信息等,当日销量、畅销机型、商场库存情况等及时反馈	5		
		现场促销	抽查提问,应答自如	5		
		台账建立	合理完整	2		
4	售点管理	产品陈列	展区排列整齐美观	5		
		卫生状况	样机无尘,柜台清洁	3		
		POP 张贴	按公司规定标准规范	2		
		宣传品	齐全整洁,摆设恰当	5		
		销售报表	及时准确,规范详尽	5		
5	业务素质	公司政策	熟悉了解,支持配合	2		
		产品知识	熟悉所有商品,了解技术优势	5		
		推销技巧	精通推销技巧,能够主动争取优势	5		
		口头表达	具有较强的语言表达能力,说服力强	5		
		对竞争品牌	了解对手信息,但不诋毁	5		
总分				100		

后记

任何事物都将经历生老病死的过程，何况传统的实体零售呢？

写了这么多，我们的目的不是想让实体零售苟延残喘，而是让那些已经跟不上时代步伐的老旧模式淘汰掉。就像新型零售模式从传统实体零售土地上开出的新花，一定是更具适应性，更有生命力的。在历史发展的滚滚洪流之中，未来一段时间占据零售行业潮头的一定是社群零售。

本书对于社群零售的探讨还浮于表面。随着这项业务本身的发展壮大，以及人们对于其认识的不断深化，不久的将来，我们一定会看到本书的后记、后后记。不过，那或许不是由我们来写的。

王海舰

1974 年 3 月出生，山东临沂人。1999 年 7 月山东大学数学与系统科学学院运筹学与控制论专业硕士毕业。毕业后在企业工作 9 年，曾在华为技术有限公司从事数据通信产品研发和项目管理工作；在北京港湾网络有限公司任山东办事处高级销售经理；在山东浪潮齐鲁软件产业股份有限公司任行业应用事业部总经理。

2008 年 6 月入职桂林电子科技大学，先后在科技处、CSIP 广西分中心和大学科技园工作，现任商学院工业工程专业副教授。

个人对零售行业比较感兴趣，协助北京施道成铭管理咨询有限公司做了大量的零售研究与实践工作，在此领域有一些想法与感悟，期待与同仁分享。

王凌燕

1974 年 4 月出生，祖籍辽宁省凌源县。1996 年 7 月毕业于贵州师范大学教育英语专业，毕业后先后供职于计算机及建筑行业，从事过信息系统管理、人力资源管理、企业宣传等工作，是一个喜欢不断探索新事物、新领域，对家人充满关爱，对朋友充满热情的人。现就职于桂林电子科技大学信息科技学院。

王海东

1970 年 4 月出生，山东临沂人。1994 年 7 月山东财政学院投资经济管理专业本科毕业。先后在青岛澳柯玛计算机、北京长虹佳华等企业从事营销和管理工作。与朋友一起创立北京施道成铭管理咨询有限公司，十余年来一直从事 3C 实体零售的研究、实践、培训与咨询工作。创建了“小施零售联盟”，帮助过数百家国内一流的 3C 产品实体零售企业提升管理和业绩，以其深刻透彻的洞察、立竿见影的实效、真诚热心的交往赢得了无数老板和同仁的爱戴，在圈内享有盛名。

邱靖茹

邱靖茹，女，山东烟台人，现就读于广西师范大学美术学院中国画专业。在校期间表现优异，曾连续两年获三好学生奖学金和一项国家奖学金。自幼热爱艺术，具有扎实的绘画基础和艺术鉴赏能力。

《写意山水》作品入选中国当代大学生艺术作品年鉴，插图系列作品获“中国第七届创意设计与艺术大赛”优秀作品奖，书法作品荣获广西师范大学“以墨传情，以心绘师大”书法作品“一等奖”。

王 朋

王朋，男，安徽亳州人，毕业于广西师范大学美术学院。大学期间，荣获美术学院第四届“独秀美绘”文化艺术节——“五彩绘师大”绘画组一等奖；曾举办名为“本色出演”的个人画展一次，受到学院专业老师的肯定与鼓励。除了理论和专业课的学习之外，一直坚持外出写生，对线性速写情有独钟——无论是风景植物还是建筑场景亦或是人物动物，总善于用变化丰富的线条去表现，逐渐摸索出个人的一套画风。除此之外，对手绘插画和水彩画也独爱有加，总爱追求画面小清新和典雅精致的风格，“线、手绘、水彩（彩铅）”都是其钟爱的作画表达手段和方式。初出茅庐，深知以后的艺术之路任重而道远，梦想为祖国的艺术教育事业做出一份个人最擅长的努力和贡献。